英语教学方法改革研究——以学生主动性培养为视角

杨玲 著

中国原子能出版社

图书在版编目（CIP）数据

英语教学方法改革研究：以学生主动性培养为视角 / 杨玲著. --北京：中国原子能出版社，2019.7（2021.10重印）

ISBN 978-7-5022-9906-4

Ⅰ. ①英… Ⅱ. ①杨… Ⅲ. ①英语-教学改革-研究 Ⅳ. ①H319.1

中国版本图书馆 CIP 数据核字（2019）第 151471 号

英语教学方法改革研究：以学生主动性培养为视角

出版发行 中国原子能出版社（北京市海淀区阜成路 43 号 100048）

责任编辑 刘东鹏

责任印刷 潘玉玲

印　　刷 三河市明华印务有限公司

经　　销 全国新华书店

开　　本 787mm×1092mm 1/16

印　　张 13.25　　**字　　数** 216 千字

版　　次 2019 年 7 月第 1 版　2021 年10月第 2 次印刷

书　　号 ISBN 978-7-5022-9906-4　　**定　　价** 48.00 元

网址： http://www.aep.com.cn　　E-mail：atomep123@126.com

发行电话： 010-68452845

前　言

为了进一步提升我国在世界舞台的地位和作用，我国需要在各个领域不断进行交流与合作，而英语作为国际通用语言，已经成为各国之间相互交流的桥梁，因此，我国更加重视培养综合型、实用型英语人才，相应地，英语教育也越来越受到重视。在目前教学改革的背景下，如何提高学生的英语水平、改善英语教学质量已经成为英语教学研究的重点和难点。

虽然目前市面上有一些关于英语教学研究的书籍，但是这些书籍在系统性、深度和广度上都有待提高，具体来说，就是存在理论与实践脱节、内容不够全面、观点不够明确和新颖等问题。针对以上情况，笔者在对英语教学的相关内容梳理的基础上，精心策划并撰写了本书，以期弥补当前大学英语教学研究的不足。

作者在写作中，主要以学生的主动性培养为视角，分析了英语教学、英语教学改革的相关理论，探讨了学习动机、英语教学模式、学习方式、学习策略等问题，并在此基础上提出了新时期英语教学的设计策略。总体来看，本书结构清晰合理、逻辑严谨，并且观点新颖，实用性较强。

本书在写作过程中，尽可能地从实用性和科学性的角度进行研究分析，联系实际，精心构思，字里行间倾注了满满的热情。作者由衷希望能够对英语教学的有效开展、学生主动性培养做出一定的贡献。

作者在写作此书的过程中，参考、引用了相关研究成果及有关资料，在此表示衷心的感谢！由于作者经验不足，水平有限，本书难免存在疏漏之处，恳请读者提出宝贵的意见和建议，以便不断地改进、完善。

作者

2019 年 5 月

目　录

第一章　英语教学研究

第一节　我国英语教学现状

随着教育改革不断深入，各学科都在进行适当的改革，而英语作为教学科目中重要的课程项目之一，必然要不断创新其教育手段和教育方法，以顺应潮流，适应社会发展。因此，一定要重视对英语的教学。当前，我国英语教育的大方向是正确的，英语教学的发展也是蒸蒸日上，但纵观我国英语教育的发展现状，还是存在很多的缺点和不足。所以，只有通过不断地对我国英语教育进行深入分析和研究，才能发现我国英语教学存在的不足，找到有效措施，进而提升英语教育质量，推动英语教育快速发展。

英语作为国际通用语，在社会发展中所占的比重越来越大。而英语作为我国教育中与数学、汉语处于统一地位的学科，既是教育的一项基本内容，也在跨文化交流中有着重要的作用。但是，目前英语教育现状已无法满足新的教育模式。因此，必须要针对这一问题，对英语进行不断创新和改革，以此来提升英语学习效率，进而实现推动英语教育发展的最终目的。

一、我国英语教学和政策的现状

英语作为国际性的通用语言，是目前在国际交流中使用最广泛的语言。另外，英语也是我国应试考试中必考的科目之一，因此，近年来，我国逐渐加大对英语教育的重视度，以期能大范围地普及英语，从而加快向国际化发展的进程。在我国实行改革开放政策以后，我国的对外贸易逐渐加强，其外交规模也在不断扩大，从而使人们逐渐意识到了英语的重要性，不断加大对英语教育的投入，使学生的英语水平有了很大的提升。

虽然英语教育取得了良好的成绩，但同时也存在很多的不足。首先，很多时候我国基础教育的教学模式仍是应试的，这就会过分重视学生的理论学习；另外，英语教育本身就具有一定的枯燥性，如果一直沿用传统的应试教学模式，会严重影响学生学习英语的兴趣，学习效率低下，从而达不到预期的教学效果。

其次，当前我国英语教育所使用的教科书与国际脱轨，在实际的应用中并不适用，这在一定程度上使英语教育的质量大大降低。另外我国现阶段的英语教育政策也存在很多不足，导致我国的英语教育发展缓慢。

二、我国学生英语水平现状

（1）我国的英语教学不注重对学生英语总体水平的教育，其主要还是应试教育，学生为了在考试中取得好成绩，大多注重书面上的学习，而英语是一种语言，我国的英语教学违背了语言作为一种交流工具的使用价值。英语作为一种交流工具，注重的不是书写，而是如何用它去和别人交流，只会写，不会说，那就等于没学过这门语言。所以新课标推出之后，要求学生听、说、读、写能力均衡提高，这样综合水平才会全面提高。

（2）在我国传统应试教学的模式下，学生的个性得不到全面发展。这种教学模式抑制了学生个性的发展，在我国传统的教学模式下的英语课堂中，老师反复给学生复习高考所要必考的题型，而忽略了学生个性的发展。在学习一种语言时，如果对待每个学生的学习方法都一样，那么这个课堂是枯燥无味的，学生的学习兴趣自然会有所下降，其成绩很难提高。所以，在英语教学中，注重学生的个性发展是非常重要的，要让学生有针对性地学习，这样学生的英语综合能力才会不断提高。

（3）应试教育导致学生的英语综合素质得不到提高。应试教学是以选拔教学为目的的，而选拔的手段又是以考试为中心的，结果导致教师最关心的是学生的成绩，而学生为了考试取得好成绩，不惜开展题海战术，把联系性极广的语言缩小到孤立的语言点，这些难题即使是英美人士也不能完全解答，所以就造成了我国学生对英语学习的片面性，运用语言的综合能力得不到提高。这种后果导致了学生英语听说读写能力的严重缺失，很值得人们深思。

祖国的下一代能否学好英语，对我国国民经济的发展至关重要，是我国经济可持续发展的重要基础。但是，我国的英语教学从总体上看还是相对不完善的、滞后的。所以，在世纪之交，我国又提出了对英语教学的新一轮改革，即英语新课标的实施，这是我们从事英语教学者的机遇，也是一种挑战。新课标的推出，是中华人民共和国成立以来课改规模最大、改革水平最高的一次英语教学课程改革，这次改革要求英语教学工作者善于打破传统的英语教学模式，勇于改进英语教学方法，不断提高我国学生英语的听说读写能力。

第二节　我国英语教学方法

一、提高英语成绩的方法

在英语教学中人们常反思这样一个问题：怎样让学生对英语学习有兴趣，有自信心呢？教学实践告诉我们：影响学生学习质量的因素既有客观的情境因素，也有学习者自身的主观因素，如强烈的学习动机、浓厚的学习兴趣、强烈的求知欲等情感态度影响着学生的注意力和努力程度，也影响着学生克服困难的意志力和坚持性。另外，足够的学习自信心和正常的、健康的心理状态也是提高学习效果必不可少的因素。那么如何提高学生的英语成绩呢？

（一）培养兴趣是英语教学成功的基础

兴趣是指人力求认识和趋向某种事物，并与肯定情绪相联系的个性倾向，是学习积极性的起点。学生对英语学习是否有兴趣，主要取决于以下几方面的因素：师资水平的高低、教材的难易程度、教学的方式方法、教师和学生对英语学习目的的界定、教师操练程度和学生接触英语的频率等。为此教师要从这些因素入手，从多角度激发学生学习的主观能动性，提高学生接触英语的频率，从而切实地提高学生学习英语的兴趣。

（二）适时地增强学生学习动力

所谓动机是一种由需要推动的达到一定目标的行为动力。在一定范围之内，动机作用的增强有利于学习效率的提高，当动机作用处于适宜强度时，学习效率最佳；当动机作用的强度超过一定界限时，学习效率就会下降。从现实来看，学校学生英语学习动机不强的原因在于以下几方面：英语非母语，不具备学习所需的社会语言环境，学生除了课堂以外难于学习；现阶段大多数学校的教学条件不够完善，不能给学生提供一个良好的语言情境；升学后，新课程较多，学生难以兼顾；社会历史因素的影响，造成部分偏远地区学生不重视英语的学习，拒绝吸收过多的外国文化。面对这些状况，教师在英语教学中必须让学生明确学习的目的不应仅仅是为了应付考试，它更是与外界交流、拓宽视野的一种工具。而在学习过程中，在多创设英语问题情境，使用多样的英语教学方式、方法的同时，应鼓励学生使用英语作为交流的手段，激发学生的求知欲，让学生充分体验使用英语交流的经验，同时可以开展学习竞赛，让学生在交流中发现自己的问题和不足，并给予及时、客观的评价，鼓励学生树立正确的自我评价观。

（三）让学生们树立足够的自信心

自信心对英语学习至关重要。自信心强、敢于面对问题的学生获得成功的概率远远大于自信心弱、羞于表达自己的感受、焦虑感过重的学生。首先，每位学生都是独立的个体，其知识基础、智力水平、学习技能、身体素质等都不尽相同，教师不能简单地以学习成绩高低作为评判的唯一标准，要全面地分析和了解每个学生的情况，多给学生自我实践的机会以及接受老师和同学评价的机会，注重学生有效发展。因此，教师在英语教学过程中要采取多种手法创造愉快和谐的课堂氛围，并要求自己和学生采取宽容的态度，正确地看待发生语言错误的同学；其次，允许学生间存在差异，让学生在学习时有自我适应阶段；最后，课堂训练前要首先让学生明确操练的方法和目标，确保学生会练会用，增强自信心。

（四）既注重听说读写，又在不同阶段有所侧重

阶段侧重原则是英语教学中一条十分重要的原则，恰当运用会对教学起到很大的作用。在英语教学中，听说读写四个方面是紧密联系、相辅相成、互相促进的。教师在教学过程中要尽可能地让学生进行全面训练，但要在每节课以及每个学习阶段都做到全面训练是不太现实的，因此应该在各个学习阶段略有侧重。而阶段侧重的原则应该是听说领先、读写跟上。具体来说，在学习的初级阶段，应以听说训练为主，利用学生活泼好动、模仿能力较强的特点，加强听说的训练，并在听说的基础上开展读写的训练。而到了中级阶段，学生的逻辑思维能力有了很大提高，可以让学生适当进行阅读训练，扩大其知识面和词汇量。最后是高级阶段，这个阶段的学生比较重视阅读和写作，因此教师在教学中应有意识地强化阅读练习，尤其是多进行泛读（Extensive Reading）练习，并指导他们开展写作的训练。

（五）信为先，学在后，情感策略贯穿主旋律

（1）激情是激发学生学习的关键。平淡的一节课不会给学生带来多大的影响，但长期的累积却会扼杀学生的学习兴趣，使学生感到索然无味。作为教师，总是一味地抱怨学生的状态，却很少内省自己的教态。即使是一堂枯燥的理论课或语法课，只要精神抖擞地列出贴近学生的例子，辅以幽默的表达和教师的个人魅力，甚至是不失时机的“高调”都可以把学生从枯燥中唤醒，效果不逊于一本正经、有板有眼的说教，这样可以提高学生的课堂参与率，学生因对老师本人的兴趣而爱屋及乌，自然就会重视老师教授的这一门课。

（2）激情可以营造课堂气氛。一位老师如能驾驭课堂便能营造出热烈宽松的课堂气氛。授课时尤其要注意身势语言，利用自身的表现力，以达到意想不到的效果。例如，可以扮演一个地道的外国人，把他们日常生活中的动作和语言展现出来，与学生共演场景对话，再让学生模仿或补充，不仅可以师生互动，也可以促进学生间的互动。如果学生的兴趣从更深层面上激发出来，并内化为学习英语的主动性，那么要实现“学生为主，教师为辅”的教学目标也就不难了。

二、英语教学方法

作为一种语言，英语并不是一门高不可攀的学科，只是一种用来交流的工具。只要方法得当，英语还是很容易掌握的。有一篇英语课文是这样描绘马克思学习外语的：马克思在50多岁的时候，为了研究俄国的形势，才开始刻苦学习俄语，仅仅花了6个月的时间就能看懂用俄语写的文章和报道。因此对于英语学习，只要多下功夫加上正确的学习方法，一段时间后定能取得良好的效果。

（一）多朗诵，重语感

多朗诵可以培养学生的语感，简而言之就是对语言的感觉，具体讲就是在读的过程中，能不假思索地感知语句所表示的意义。这里的不假思索其实是感觉与思考的统一。有时候，课文读多了，遇到问题不用想相关语法，根据语感就可以找到正确答案。

（二）多检查，重预习

预习是学生自主学习的开端，是让学生成为学习主体的起点。叶圣陶先生曾说：“不教学生预习，他们经历不到学习上很有价值的几种心理过程。”很多学生没有真正把预习重视起来，上课时听老师或其他同学讲起知识点时有种稍

纵即逝的感觉，导致一堂课没完全听懂就昏昏然过去了，长此以往，学生会认为学习英语很难。其实只要做到提前准备，心中有数，学起来并不难。很多学生对老师布置的预习任务应付对待，而预习效果也并不像课堂检测一样能直观地打出分数，所以教师也不能很准确地掌握预习情况。

（三）多活动，重氛围

多活动，注重调动学生兴趣，营造快乐的学习氛围，进行愉快教学，让学生爱上英语。教学时多让学生表演，表演与思考结合可以收到很好的效果。可以把学生分成不同的小组，学习新课文后分角色表演或以课文为例自编自演。这样学生为了表演就必须记住课文内容，为了编写别具一格的剧本就要应用很多相关的英语知识，就会主动地去学习。这样学起来就有了动力，效果也好。同时，表演这种方式同学们喜闻乐见，在学习之初就可以激发起学生学习的兴趣，达到事半功倍的效果。在愉快中学习也会增强学生学习的兴趣，经常鼓励或进行小组间比赛，学生表演兴趣就会越来越高。表演好的小组就会更加努力地学习钻研，以保持好成绩。学生们通过表演，激发了强烈的求知欲望，变被动学习为主动学习，自主探索出了求知之路，提高了英语自学能力。

（四）多关爱，重情感

教师应多给学生以关爱，在师生情感相互感染、相互反馈与促进中，两者的自我需要才会得到实现。同时给学生一些尊重和理解也能达到意想不到的效果。

三、英语教学反思

（1）创设各种情境，鼓励学生大胆地说英语，对他们在学习过程中犯的错误采取宽容的态度。可根据教材，将情境真实再现于课堂并创造新的环境。如教学“What's your name? How old are you?”时，可以创设“结识新朋友”“自我介绍”等一些语境，使学生积极参与，到讲台上锻炼英语表达能力。如师生早晚问好、道谢、道别等，多使用 Hello，Good morning，Thank you，You are welcome，See you，Goodbye 等与教师交流。这样就无形中提高了学生运用英语交际的能力，培养了他们创新灵活运用英语的习惯。

（2）采用全身反应教学法来为学生运用英语进行交际创设情境，鼓励学生大胆地说英语，实现师生互动、生生互动。在教学过程中要注重学生的听、说、读、写综合能力的培养，鼓励他们大胆地表达并运用到实际中去；创造条件让学生能够发现他们自己的一些问题，并自主解决问题。有一次一所学校请来了1位外籍教师，想为学生们创设英语语言环境。当时学生们都很紧张，起初不敢用英语与外教老师交谈，经过一番鼓励之后，有几位同学带头大声地开始说英语，越说越有劲，接着越来越多的学生跟着也说起了英语。此后，因为有与外籍教师交谈的亲身体验，他们对英语学习更有信心了。

（3）在教学过程中注重与学生沟通，让学生消除对英语学习的恐惧感，刻板的学习，不仅会影响英语学习的效果，而且还会适得其反，让学生厌恶学习英语，而创造和谐、轻松的学习氛围则有利于英语学习。只有对英语感兴趣了，学生才能保持英语学习的动力并取得好成绩。

教师可以尝试以下方法：尊重每个学生，积极鼓励他们大胆地尝试；鼓励学生大声地朗读课文并背诵，使他们听得见自己的声音，渐渐做到流利、顺畅；对于底子薄或性格内向的同学，降低他们的学习标准，当他们取得小小的进步时都要鼓励他们，使他们树立自信心，让他们有成就感。

（4）学习语言就是要开口多说、多记、多背，只要下足功夫，学习英语的困难就迎刃而解了。英语琐碎的知识点很多，每天都会学新的知识点，这就需要学生多记、多背。这往往是学生最头疼的一件事。现在的学生主要是以单词为主，如果连单词都记不住，就很难掌握句型和具备良好的听力。因此可以让学生根据发音说出单词，多朗读，重复多次。而且遗忘的规律是由快到慢的，所以背会的东西容易忘记，应多巩固。

例如，可以让学生背诵一个小对话，然后鼓励学生走上讲台“表演”对话，增加学生学习英语的乐趣；可利用多媒体、录音机等教学手段，教学生唱一些耳熟能详的简单英文歌曲，这样能够为学生感知语言做好兴趣铺垫。在考试前，可以让学生们把一篇英语课文读熟并且背下来，有助于相关题目的作答。大声地读英语可以培养学生的语感，巩固所学的语法知识，而且流利地阅读能极大地增强学生们对英语学习的自信。

（5）建立良好的师生关系，经常和学生一起用英语进行交谈，鼓励他们大声地说英语。教和学是一对矛盾，作为矛盾双方的教师和学生如何和谐融洽师生关系，对完成教学至关紧要。如果学生对某位老师印象较好，他们就会对老师教授的这门课感兴趣并分外重视；如果他们对某位老师印象不好，由于逆反心理，他们也就不愿学这位老师教的课。所以，教师要深入学生，了解学生的兴趣、爱好以及情绪的变化，时时处处关心学生、爱护学生、尊重学生、帮助学生。这样，师生才能关系和谐、感情融洽，学生才能兴趣盎然地进行学习。

对学生进行有效的评价不容忽视。评价可以使学生认识自我，并有助于反思及调整自己的学习方法。对学生回答问题过程中的表现及成绩的提高应给予口头评价、书面评价并鼓励他们不断进步。学生考完试后，要让学生自我反思，分析成绩和不足，明确今后努力的方向；也可让学生相互之间进行评价，找出优缺点，互相促进学习。

第三节　我国英语教学对象

一、我国教育对象

主体性教育是根据社会和现代教育发展的需要，以启发和引导受教育者内在教育为主要需求目标，并培养学生成为独立自主、自觉能动、积极地参与实践活动的社会主体的教育。在整个教学活动中，学生是特定的认识主体和信息交换的主体。在教育活动中，学生主观能动性的发挥对教育活动的成效起着重要作用。

在新一轮的课程改革中，教学活动越来越重视学生在教学过程中的重要性，不再一味强调教师应该如何进行教学，也不再一味强调教师主体的重要性，而是开始全方位地关注教育的双方，尤其是作为受教育者——学生的主体作用。实施教育改革，进行素质教育，最基本的一点就是一定要转变学生的地位，让学生由被动知识接受者，变为主动知识接受者，变苦学为乐学。课程改革要求“坚持以学生为本，以学生发展为主体”。这就要求今后教师在课堂教学中要着重关注教育对象，要以培养学生的基本技能、创新能力的发展为主，让学生成为课堂的主人，教师只是课堂的导演，课堂上要让学生积极参与教学，充分发挥学生的主体性。

学生是一个特定的社会群体，其既是社会存在的重要组成部分，同时又有不同于其他社会群体的特殊性。

（1）学生概述

①学生是素质全面发展的完整的人。学生的特殊性表现在其是处在不断接受他人教育过程中的群体。无论是处在人生的哪一阶段，一旦成为学生（受教育对象），那么在家庭、学校和社会当中，就要不断吸收各种有用的知识，使

自己不断成长，不仅有生理层面上的成长，还有心理层面的提高。只有这样才能使学生的素质得到全面的发展，最终成为完整的人。

②学生都是有“目的”的。学生都有其需求的东西。所谓“学”，是指要学习的东西，学生学习知识都是有目的的，包括生存、学识、爱好等。在不同的年龄阶段，学生的目的也各不相同，但是唯一不变的是学生的学习都是有其存在的合理意义的，所进行的教学活动都是有章可循的。同时，学生是有情感、有需要的，为了满足这些情感和需要，其必须进行学习。

③学生具有人的独特性。学生区别于其他群体的独特性在于其所在的环境和所要遵循的制度是特殊的。正如国家有法制，公司有规章，学生也应遵守适合其身份的纪律。学校是社会中特殊的环境构成体，在这里，学生有区别于社会人的独特一面，即其会在一个相对单纯的环境中学习各种生存和发展的知识和技能。同时，学生具有的自我能动性使学生能进行自我做主，努力使自己成为完整的个体。

（2）学生发展的特征

在科技日益发展的今天，“学生”的范围也在不断扩大，现在的学生不再局限于用年龄来衡量，很多成年人为了自身更好的发展也重新返回校园接受再教育。尽管如此，学生的发展依旧有下列特点：

①作为未定型的人，具有发展的空间和潜能。现如今传统意义上的学生都是指在校的未成年人，他们没有任何社会经验，在个人发展上属于空白，也正因为如此，才会使学生在学习中有足够的空间去选择，在发展的程度上有足够的深度去挖掘。也正是因为学生尚未定型，才会为国家、为社会提供多样化的人才。

②作为未社会化的人，具有发展的必要。学生的成长大都在校园里度过，对于社会中的各种人情世故了解甚少，因而在学习中有必要对其进行正确的引导，从而使学生能够在离开校园踏上社会后有足够的能力解决各种问题，谋划自己的道路。

③作为未成熟的人，具有依赖性，需要得到成人的保护、照顾和管教。作为没有任何社会经验的群体，学生的成长环境至关重要，如果缺乏必要的保护和管理，那么对作为国家建设接班人的学生会发生何种的变化很难进行预测，因而更应该对学生进行合理的管教。

（3）学生的主体性

主体性是人的本质，是最根本的属性，发展人就是要发展人的最本质的属性，教育的基本功能就是促进人的全面发展，从这个层面上来说，教育的根本目的就是发展和培养学生的主体性。

学生是教育活动的主体，但关于学生的主体性特征却存在着若干不同观点：一种观点认为，学生主体性并不是主体各种特性的简单相加，而是它们发展到一定阶段的结晶，是学生“在对象性活动中表现出来的本质特征”，这些特征是能动性、社会性、自主性、创造性。另一种观点认为，所谓主体性，指的是作为认识主体在处理外部世界关系时的功能表现。教学认识的主体性，一方面表现在对外部信息的能动的选择上，表现出自觉性、选择性；另一方面也表现在对外部信息的内部加工上，受学生原有认知结构、经验、思维方法、情感、意志、性格等的制约，表现出独立性、创造性。也有学者提出，人的主体性是由人的现实性、有效性、能动性、创造性和自主性构成的。还有学者提出主体性的特征是整体性、自主性、能动性、创造性、独特性和发展性等。这些研究都有自身存在的特点，对于人们拓展思路、促进学生主体性问题的思考有着重要意义。

（4）学生的主体性教育

①主体性教育的特征。

主体性教育作为一种新的教育思想，继承和超越了传统教育思想，既保留了传统教育的那些反映规律性的共同特征，又有自己个性鲜明的独特特征。

a. 科学性。教育的作用就是根据学生学习的客观规律，通过牵引作用引导学生积极思考和独立活动，从侧面将人类的认识成果转化为学生的知识、智力和才能，而不仅仅灌输给学生思想观点，这样才能使学生获得合理的知识、智力和方法结构。

b. 民主性。民主平等的人际关系是指在师生关系中营造出的一种活泼生动、和谐的教育氛围，这是学生主体性发展的基本条件和前提。教育的民主性主要体现在两个方面：一是把教育变成一种民主的生活方式，提高学生的地位，使学生在学习活动中发挥主体性，让学生可以生动活泼、自由地发展。二是要实现教育内容的民主意识，使学生的民主思想、民主精神与能力相结合，让学生在学习中逐渐培养民主观念，以民主化的教育培养一代富有主体性的新人。

c. 活动性。学生主体性的发展是以活动为中介的，学生只有投身各种活动之中，其主体性才能得到良好的发展。学生在活动中形成并发展主体性，也就是说，活动是影响学生主体性发展的决定性因素。苏联著名心理学家斯·列·鲁宾斯坦曾说：“教育者或教师企图不通过儿童自己的活动去掌握知识、培养品德，却将知识、品德、要求‘加到’儿童身上，任何这样的企图只会破坏儿童健康的智力发展和精神发展的基础，破坏培养他的个性品质的基础。”

②主体性教育的原则。

教育学生是教育的出发点。从本质上讲，主体性教育是以培养和发展学生的主体性为目的的一种社会实践活动，这一点也决定了其教育定位是以育人为本，尊重学生的个性，把促进他们的主体性发展置于核心地位，充分调动他们的自主性、能动性和创造性，同时促进学生主体性的全面、和谐发展。

a. 主体原则。活动是发展主体性的基础，是主体性的存在形式，主体性通过活动表现出来。在教育活动中，应该讲求学生的主体能动性的发挥，就是要求教育重视学生的自主活动，并为学生充分展示其才能创设机会和条件。只有这样才能使学生在教育活动中充分发展自己，为自己的主体性发挥积累经验，以获得生动、活泼、主动的发展。

b. 多样化原则。所谓的多样化，是指教育过程中课程设置的多样化。在教育过程中，学生知识和经验多数是以课程活动的形式获得的。传统的课程设置使学生的受教育形式受到很大的束缚，同时“大一统”的课程模式与我国的实际情况也很不相符。因而，为了更好地促进学生的个性全面、和谐发展，要求教师对课程类型进行多样化设计，使学科课程与活动课程有机匹配，协调互补。同时根据实际情况设计各地方课程，因地制宜，一纲多本，在最大限度上促进学生主体性的发挥。

③推动学生主体性教育。

a. 转变教师的教学观念，突出学生在课堂活动中的主体地位。教师的正确引导对学生主体性的发挥有着至关重要的作用。教师必须正确认识、认同学生在课堂学习中的主体地位，把学生看作课堂的主人，最终确立学生的主体性地位，在学习过程中通过启发、点拨、设疑、解惑等方式，引导全体学生参与，使传统的“一言堂”转变为如今的“群言堂”，诱导学生参与学习的全过程。在培养学生的主体性学习方面，教师应做到：凡是学生能独立解决的绝不代替，凡是学生能独立发现的绝不提示，凡是学生力所能及的，都由学生自己凭能力解决，以此发挥和发展学生的学习主体性，使学生的智力和创造力在自主参与学习的过程中得到发展和提高。

b. 创设学生自主学习的课堂氛围。在传统教学课堂中，教师权威地位神圣不容置疑，在这种传统的环境中，学生的自尊心极易受到伤害，其个性和创造性也容易遭到扼杀。因此倡导师生平等和谐的课堂气氛，有利于真正地实现民主教学和民主课堂，这是培养学生主体性的重要客观条件。在课堂教学中，教师要积极引导学生思考，鼓励学生发表自己的见解，通过师生间的民主讨论使学生获得新知识、新观点。教师要摒弃“满堂灌”的传统教学模式，给学生独立的思考时间和空间，充分调动学生的主体能动性。同时，教师对不同水平的学生要一视同仁，同时还要做到“因人而异”，对待学习困难的学生，要学会针对其不足之处提出相应的学习建议，多一份关爱，少一些责骂。还要鼓励学生之间平等互助，帮扶学习，不要让优等生产生优越感，也不要让后进生产生自卑感。这样才能使师生关系和谐，生生关系和睦，学生更积极主动地参与学习。

c. 为学生主动参与教学活动提供机会。设置认知冲突是提高学生课堂参与度的重要环节。学生的参与欲望是一个十分重要的因素，教师应正确运用这一因素，在教学活动中引导学生参与课堂活动。同时要发现学生的认知冲突，这是学生学习动机的源泉，是学生学习欲望提高的不竭动力，推动学生积极参与思维学习。所以，教师在教学中要不断设置认知冲突，激发学生的参与欲望。

运用实验探究法充分发挥学生的主体作用。在实验探究教学中，教师要明确学生原有的知识基础，对预期学习目标有明确认识，充分发挥自己的思维想象进行方案设计，通过实验检验，使学生对设计方案得到初步定位。同时，对学生在实验中的不同现象和问题，教师应主动设计问题分析环境，让学生参与问题分析、解决和讨论中，将传统的教师讲解学习方式转向互助合作，通过合作的形式调动学生主动参与学习。

二、学习对象反思

（一）教育学的研究对象

许多学者认为，学习对象是带有教学目的的数字化信息单位。学习对象蕴含的原理主要是搭建“积木”法。每一个学习对象都可以与其他学习对象进行重组，这和乐高积木的搭建有些相似，因此被称为“乐高法”。威利对学习对象和乐高法的属性做了三项类比：其一，不同尺寸、颜色和形状的乐高积木之间可以重组；其二，乐高积木能够以任何所需的方式重组；其三，重组乐高积木非常简单，因此，任何人都可以搭建出新花样。这个比喻说明学习对象具有灵活便利地创建新结构的潜能。但是，这是一个被威利过分简化的隐喻，后文将会对此给出进一步解释。

学习对象的外部结构必须按标准化要求来设置，这样才能称为真正的学习对象积木块，达到理想的互操作性和可移植性。“学习技术标准”（learning technology standards）旨在以统一的方式确保学习对象的开发、组织和分布。为了开发学习技术标准，出现了许多不同的组织和方案，包括：官方标准组织，如ISO；CEN/lSSS；ANSI；NEN；类似于航空业CBT委员会（AICC）和IEEE，它们是开发学习对象元数据标准（LOM）的学习技术标准委员会的用户组织；政府资助的方案，如高级分布式学习（ADL）计划，供应商、出版商和教育组织财团，如IMS全球学习协会和都柏林核心元数据计划等，被这些不同的组织和方案所开发和提议的标准，实际上并没有被真正认可，一些具体的要求或者规格还在不断细化和改进中。

值得注意的是，目前的标准研发已经把重点都集中在学习“内容”上，特别是在以下三个方面：第一，规定了不同的学习对象的连接结构，即学习对象是如何组合或重组的；第二，规定了学习对象和数字化学习系统的传播结构，即内容管理系统或传递系统是如何使用学习对象的；第三，规定了学习对象的元数据字段，即学习对象是如何被具有标签意义的“标签”标识的。教育问题很难做到在结构、传播和元数据处理方式等方面都实现标准化，通常是因为要求建立的标准做到“教育中立”。然而，即使是中立途径，也应该以保证用户操作性和可移植性的方式来提供实施各种各样教学方法的机会。首次尝试提供各式各样教学方法的机会，是通过“教育建模语言”来描述学习对象的通用教学结构的，这为“IMS全球学习协会”的教学设计人员提供了输入方式。然而，IMSLD依然保持教育中立，它以标准化的方式提供实施教学方法的各种可能性。因此，学习对象主要是以灵活的方式，通过技术构造积木块来创建更大的结构，当然还涉及能使学习对象组合或重组的技术结构的界定和标准化问题，对非专业人员来说，其实很难确定学习内容标准化的程度是否恰当。因为标准实在太复杂，以至只有专家才可以胜任，而且几乎没有可靠的检测方式。通常，学习对象不同方面的不同标准间的相互关系也是不明确的，更重要的是，缺乏学习对象的教育问题依然存在。

1. 人

在《教育之基本原理》中，著名心理学家和教育家爱德华·李·桑代克指出："教育学研究人类各个人及其全部世界的相互作用……教育学必须研究人类本身及世界的任何方面的改变，因为教育学须能供给有效的意见，使人们知道改变人们本性以适应新的环境的可能性与合理性。"

教育的三个基本要素中就包括教育者与受教育者，这两个都涉及人，教育是一种高级的社会活动，是只有人才能实行和参与的，这就决定了教育学研究的对象中必然有人这一要素。但研究对象中包括"人"这一要素的学科同样有很多，这就与上一观点殊途同归，使教育学无法真正区分于其他学科，这也会使教育学独立的学科地位受到影响。

2. 教育现象

《辞海·教育心理分册》对教育学的定义："教育学是研究教育现象，解释教育规律的学科。"华东师范大学金一鸣教授在《教育原理》一书中将教育学的研究对象定义为教育现象，把教育学的研究任务定义为把握教育的规律，其目的是指导教育实践。安徽师范大学刘伟芳老师在对教育学研究对象做出大量历史性考察研究的基础上，提出"能够被反映为有价值的教育一般问题的教育现象乃是教育学（或更确切地称为教育学原理）的研究对象"这一观点。

然而，将教育学的研究对象定义为"教育现象"显得过于概括，人们往往无法真正了解究竟什么才是教育现象。从方法论的角度来看，将教育学的研究对象归结为"教育现象"无不妥之处。但如今学者们有关教育现象的理解和定义还远不够细致和规范，对其研究程度也不够深入，若教育学将其作为研究对象，便很难在此基础上构建科学的理论体系。此外，教育学的研究对象也并非能把所有的教育现象都囊括在内，教育现象属于客观存在，其本质上是一种社会现象，而人们在教育实践中还没有意识到它的存在时，很难将其定义为教育现象。即使意识到教育现象的存在，研究者对其没有研究兴趣，它也不可能成为教育学的研究对象。

3. 教育问题

日本学者村井实在《教育学的理论问题》一书中，曾对教育学的对象进行了较全面和系统的分析，得出了"教育学的对象是'教育问题'"的结论。在将"教育现象"作为研究对象产生了各种问题之后，国内学者也开始将教育学的研究对象转移到"教育问题"上来。如华东师范大学教授陈桂生在《教育学研究对象辩》中说道："如果要对'教育学的研究对象'问题有一个一般的回答，还是以采用‘教育问题’的表述最为恰当。”将“教育问题”设为教育学的研究对象，是在“教育现象”观点基础上的又一次发展。华中师范大学教授杜时忠先生认为：“教育问题才是教育学的研究对象。科学研究并不始于现象、事实或存在，而是始于问题。”

把教育问题作为教育学研究对象的学者认为，教育学要研究教育的基本问题，即最一般的问题，这些问题可以分为七个方面：什么是教育（教育本质）、为什么教育（教育目的）、谁来教育（教育者）、教育谁（受教育者）、教育内容、用什么方法教育（教育方法），以及用什么形式来教育（教育组织形式）。这七个基本问题构成了教育。但这种观点只是简单地将教育的七个基本构成要素罗列出来，并没有表现或继续探讨它们之间的关系，没有相互联系的孤立要素是根本不存在的。所以，从思维方法上来看，将教育学的研究对象确立为“教育问题”还停留于对象性思维上，只是把复杂的教育现象分割成单一的构成要素，将这些构成要素简单相加得出了教育学的研究对象。除此以外，关于“问题”的定义也是多重的，这也容易导致歧义。所以，将“教育问题”作为研究对象其表述还不够全面、清晰，容易引起争议。

4. 教育事实

在教育学史上，教育学的研究对象还曾被定义为“教育事实”，其观点产生于德国的“描述教育学”派，法国实证主义学派就曾主张该观点。如菲舍尔采取实证与现象学方法，从客观的角度对教育事实加以研究和说明，尝试在经验的基础上确立严谨而科学的教育学体系。德国教育学家洛赫纳在《德国的教育科学》一书中进一步发展了描述性教育学思想，舍弃了其中规范性的成分，而发展纯认识的价值中立的教育科学。他指出，只有对教育事实做了纯真而充分的描述，才能确切把握“教育是什么”。

从上述观点中不难发现，将“教育事实”作为教育学的研究对象在一定程度上会促使教育学朝着更科学的方向发展，但这样并不能全面地反映教育体系。在实际的教育活动中，所涉及的问题不仅是事实方面的，还包括价值、规范类等层面的问题。在教育实践中不可能做到绝对的情感中立，因此在研究方法上也就不能只依靠描述和实证实验的量的研究，还需定性的、质的研究。

（二）对教育学研究对象的反思

上述为教育学研究对象的各种代表性观点。在当今社会若要探讨什么才是教育学的研究对象，首要任务是确定在什么层面上研究教育学。随着社会的发展和科技的进步，社会学、心理学等经验学科逐渐产生并发展，它们都在以自己学科独有的视角与研究方法来审视教育学，教育学不再是赫尔巴特式的近代意义上的“大”教育，而是日渐划分成一门具有庞大分支学科的学科群。有关教育知识的学科经历了由一门教育学科到多门教育学科的发展过程，教育学发展到了教育学科群的高度。

20世纪60年代，终身教育思想提出并逐渐变成了现实，“大”教育学所揭示的一般原理、基本观念和工作原理不再反映事实指导实践。因此，近代意义上的教育学已经终结，存在的只是“教育原理”意义上的“教育学”。而在这种情况下考虑教育学的研究对象，就需要重新界定教育学研究对象的前提，因此，对教育学研究对象的探讨还应在上述观点的基础上进一步延伸与综合。

第四节　英语教学中的思维与体验

思维是课堂教学的灵魂，无论是教师设问、学生自问、合作讨论、质疑等，都必须围绕这个中心来开展，而评价这些活动的标准就是学生思维的质量。

体验是学生领悟知识、实践知识的桥梁，每个学生都可以根据自己的体验，用自己的思维方式自由开放地去探索、发现和创新。教师要想方设法使学生真正参与到课堂活动中来，从而提高他们思维的质量，让学生在体验中掌握知识、培养学习能力。

一、善于等待，学会“留白”

很多英语课堂有一个普遍的教学现象：老师害怕课堂气氛太冷清，所以就不由自主地消除教学过程中的留白，安排了一些“无缝对接”式的问答，以维持课堂热烈的气氛。其实，课堂这种伶牙俐齿下的“无缝对接”并没有起到积极作用。画家作画都会“留白”，因为空白不仅使画面有张有弛，而且会使作品给人留下自由想象的空间。课堂教学也是如此，教师有意识地留白与等待不仅可以调节课堂的气氛，更重要的是给学生一个思考的时间，表面的停滞可以促使学生迅速地思考。

对于英语教学中的一些语法知识及一些语言结构的运用，仅凭老师的讲解、学生被动接受是很难取得成效的，教师需要鼓励学生去主动地参与思考并提高思维的质量，体验、感悟与领会，促使学生主动地探求知识，创造性地运用知识。如《牛津英语》8B Unit 6 的“Grammar”中要教授“It is＋adj. ＋to infinitive...”这种句型。在教学过程中，可以首先列举一些例句，要求学生通过它们的中文意思来体会这些句子中的 it 的作用，然后问两个问题：这种句型还可以转换成哪种句型？是否可以与“It is＋adj. ＋for sb. ＋to infinitive...”进行转换？可以给学生几分钟的时间思考后再征集答案，让学生有充足的时间多角度地思考问题，从而使学生能给出独特、新颖的回答。

二、精心设计英语实践活动

语言是一种交际工具。英语课堂教学要遵循语言学习规律，以学生为中心，以学生自主体验为基础。在实际操作中，教师应精心设计开放性活动，为学生搭建语言运用的舞台，将新、旧知识运用到不同的语言场景中，使学生亲身体验、自主探究，并不断扩充自己的语言信息量，达到真实、灵活运用语言，探索实践语言的目的。

例如在教授《牛津英语》7A Unit 6“Fashion”时，可以让学生穿上自己最喜欢的衣服，注意颜色的搭配，并学着走猫步，利用一节活动课，把座位摆成平时开联欢会的样子，让学生表演时装秀。当学生表演时，其他学生必须对其进行描述，并写下来。然后请一两位学生读出他们的描述，其他同学仔细听。这种做法能使课堂气氛轻松，学生的积极性提高，既掌握、运用了语言知识，又体验了学习的乐趣。

三、根据实际情况，创造良好的语言环境

语言环境是人类学习语言的重要条件，而现实生活中学生学习英语很难有良好的语言环境，这就要求英语教师在课堂上经常设置贴近现实生活的语言情境，让学生进入真实语言环境中进行体验式学习，启迪学生的思维。

1. 课堂导入营造情境

课堂导入是教授新课的序曲，课前三五分钟是学生由心理准备进入角色的时刻，是营造课堂气氛、引起学生兴致的关键，也是学生练习听说的一次机会。因此，可以以“Free talk”“值日报告”“讲故事”“Talk about a topic”

等来开始新课。可以让学生朗读一篇短文，并向其他学生提问，检测听的效果，最后根据朗读标准给予打分，并提出改进措施。这样既锻炼了学生的听说能力，又为下一步语言学习奠定了基础。

2. 实物演示情境

利用实物教学，既可节约大量课堂教学时间，又可让学生运用多种感官接收语言信息。在教授《牛津英语》8B Unit 4 “Grammar”时，这一单元的语法主要是被动语态，教师可以收集大量的实物，列举大量的例子，选一些写在黑板上。先从学生学过的“be made of”开始，最后拿出一把小刀，说：“A knife is used to cut things.”接着拿出一根线，叫一个学生把线割成两段，然后对学生说：“The line was cut into two by Zhang Bing.”这样学生通过观看实物演示、聆听教师的语言表述、看黑板上的例句进行归纳思维，可以很容易地掌握被动语态的语法结构。

3. 语言描述情境

对于某些难以用实物演示的情境，可利用语言进行简洁易懂的描述，并配上表情、手势，做到绘声绘色，使学生进入情境。如在教“have to do”句型时可以提供这样的语言情境：“Today it's Sunday，I want to see an interesting film. But my mother is ill，so I have to look after her at home.”在这样的语境中，学生很容易理解“have to”的确切含义，再通过一些上下文情境的练习，学生很自然地学会了它的用法。

4. 善于捕捉机会，利用当时的语言情境

在教学中不时会出现一些意想不到的教学偶然事件，而这些事件却能为教学提供现成的语言情境。例如，当老师正在上课时，一位迟到的学生走了进来，老师即可抓住这个时机，创造一次机会让这位学生体验语言在具体的语境中的运用，如可以让他用英语解释迟到的原因，让学生在体验中学习语言。

5. 充分发挥多媒体的辅助教学功能

随着科技的发展和现代教育的要求，现代化的教学手段能使课堂教学生动、形象，富有感染力，能使学生在兴趣盎然的情景中接受知识。因此，恰当、有效地运用现代教育技术手段能激发学生的学习兴趣和内部参与动机，能使不同水平、不同层次的学生都参与到课堂教学中，增强课堂教学的效果。

四、发挥评价的激励机制，让学生体验成功

“教师要带上放大镜去发掘学生身上的闪光点，及时进行表扬、鼓励，要让每一位学生有成就感。”教师一方面要学会在适当的时机利用艺术化的激励语言对学生进行表扬与激励，另一方面还可以利用面部表情的互动去激励学生。对没有信心不敢发言的学生，教师可以用眼神表现出热盼与期待；对回答问题过程中卡壳的学生，教师的眼神可以给他启示与鼓励。当来不及用语言评价或无须用语言评价时，教师的一个微笑的眼神，就会给学生带来成就感。

总之，教师在英语教学过程中要时时反思自己，是否能使学生真正地参与到课堂活动中来，学生是否真正地参与思维训练，是否在体验中掌握了知识，提高了学习能力。只有这样，才能让思维与体验同行，取得理想的教学效果。

第二章　英语教学改革研究

英语教学是我国高等教育的一个重要组成部分，它是以外语教学理论为指导，以英语语言知识与技能、跨文化交际和学习策略为主要内容，集多种教学模式和教学手段为一体的教学体系。本章我们就来分析英语教学中存在的问题，探究大学英语教学的理论依据，回顾英语教学改革的历史，探索英语教学的发展趋势。

第一节　英语教学中存在的问题

近年来，人们对英语教学改革的呼声越来越大，英语教学低效费时的弊端日益受到人们的关注。为了促进我国英语教学改革，提高英语教学的效率，必须先对英语教学中存在的问题进行梳理。

一、英语教学问题综述

我国学生从小学到中学、大学，甚至到硕士、博士，将大量的时间和精力都投入到了英语学习中，但是，我国学生英语的整体水平不高。虽然目前各高校英语教学条件、设施都得到了较大的改善，学校领导、教师及学生都付出了较大努力，但始终没能获得应有的成果。“聋子英语”“哑巴英语”的帽子始终戴在学生头上。另外，对于非英语专业的学生来讲，学习英语的目的多是应付英语四、六级考试，一旦过关就把英语抛到脑后。当然也有一些学生对英语学习非常重视，将大量精力放在英语学习上，甚至抛下了专业课知识。即使花费了不少时间，但是真正遇到外国人时还是自己说不清，别人也听不懂，种种问题的确是很让人无奈。

学生英语水平普遍不高与英语教学的方式有很大关联。在课堂上，教师一直讲，学生一直闭口听、记笔记，却害怕开口、害怕提问。下课后，学生也只是背单词、背笔记、做机械性的训练。这种完全没有启发式的教学使得学生既无法提高对英语学习的兴趣，也无法提高英语学习的成绩。

二、英语教学中的具体问题

（一）受“应试教育”的制约

应试教育是传统英语教学模式的一个基本目标。它与素质教育的根本区别在于“考试观”的不同。考试主要具备两种功能：评价功能和选拔功能。在“应试教育”思想的长期影响下，人们更加看重考试的选拔功能。比如，英语四、六级考试早已成为英语教学的指挥棒，通过率的高低是评价学校及教师优劣的一个主要标准。这又使四、六级考试的应试性特点得到了强化，使得考试失去了其应有的作用，提高学生英语应用能力的目标得不到落实。事实上，语言学习应该做到：多听、多说、多读、多写，特别是多背。语法知识固然很重要，但获得外语的“语感”更加重要，这就需要背诵。没有背诵，也就失去了英语学习的“脊梁骨”。不仅是背单词，更重要的是背诵课文。而英语四、六级考试的题型主要是选择题，因此学生将大量的时间花在了背语法、词汇，做大量模拟试题上。学生更加看重答案的标准性、唯一性，不愿意诵读课文，忽视了课堂上的讨论和交流，从而在心理上很排斥交际活动，过分依赖教师的讲解，逐渐丧失了思考、质疑创新的能力，虽然具备了较强的应试技巧，但交际素质很低。

（二）教学模式和教学方法单一

目前，我国英语的教学模式存在呆板和落伍的问题，主要体现在两个方面：

一方面，我国的英语教学仍沿用传统的模式。在英语教学中，教师不但要向学生传授必要的语言知识，还应该启发和引导学生运用所学知识进行广泛的阅读和其他交际等实践活动。但是，在相当长的一段时间里，我国的英语教学一直都采用“书本加黑板”的教学模式。这种模式不仅忽略了教与学之间的关系，而且忽略了英语教学根本目的是要培养学生的交际能力。此外，学生出现了独立运用语言能力差，对教师依赖性强、“高分低能”等现象，造成很多学生“只会考试、不会实践”。

另一方面，教学手段单一落后。随着现代技术的发展，在教学中出现了很多现代化的教学手段，使学生可以在更广泛的范围内接触和学习英语。但从实际情况来看，现代教育技术在英语教学中的应用还是不够。尽管一些学校使用了诸如多媒体、网络等教育手段，但实际效果并不理想。首先是由于学生数量多与现代化设备相对少两者之间产生矛盾，从而在整体上缺乏多媒体学习环境所导致的；其次也与学校乃至英语教师本身不重视现代教育技术的真正作用，致使很多现代化教育设备无法发挥其训练和实践的功用有很大关系。可见，要激发学生对英语学习的兴趣，提高他们综合运用英语的能力，必须改革英语教学手段，优化学生学习环境。

（三）教材选择存在弊端

教材在很大程度上决定着课程的教学目的和教学方法，因此，对于任何一门课程而言，教材的设计和选择都非常重要，甚至决定了这一门课程教学的成功与否，英语教学也不例外。

目前，我国非英语专业的英语教材在内容选择上重文学、重政论，忽视了现代的实用型内容。改革开放以来，社会各方面都得到了较快的发展，但是外语教学却止步不前。特别在教材上，教材内容已与现代社会脱节，教材设置目的已不能满足现代外语教学的需求。

自 20 世纪 90 年代以来，虽然我国引进了和英美国家合编的或原版英语教材，并在我国本土教材的设计上有了较大改变，教材编写与内容挑选基本属于英美文学取向的教材，其中不少选文出自名家，但是这些教材只追求“可教性与可学性”而忽视了实用性，学生从课本上学到的知识没法在社会交际中得到应用，从而渐渐失去对英语学习的兴趣。

要想设计一本好的英语教材，应该考虑以下几个因素：

（1）好的教学指导思想。

（2）内容的安排和选择符合教学目标。

（3）体现先进的教学方法。

（4）教材的组成是否完整包括了学生用书、教师用书、练习册、录音带、录像带或多媒体光盘等素材。

（5）教材的篇幅、版面安排、图文比例和色彩等的设计是否合理。

（6）教材语言的素材是否真实、纯正。

作为教材的直接使用者，教师可以结合以上因素为教材的设计提出建议，开发出适合我国学生的科学性教材，从而促进我国英语教学的发展。

（四）忽视了文化教学的重要性

各国文化都是博大精深的，要学习一门语言就要掌握该语言中的各种文化，而教师和学生的精力都很有限，不可能掌握所有的文化内涵，因而就要有所取舍。对我国学生来讲，主要有三个方面的文化影响着交际：①语言的文化内涵；②中西文化习俗、行为规范等方面的异同；③中西文化价值观的异同。然而，我国的教师和学生都认为学好英语就要学好语音、语调、语法和词汇等知识，事实上，即使掌握了这些知识，如果不了解中西文化的差异，仍然会影响交际活动的开展。

由于我国教师和学生对英语学习的误解，使教师的“教”和学生的“学”都把重点放在了语言知识上，而忽视了英语文化的学习。这就导致学生在和外国人交际时常出现各种误解和麻烦。比如，一些学生习惯用姓称呼外籍教师，常使外籍教师很不满。因为，在英语国家用姓作称谓的情况只限于几种少数情况（如监狱看守对囚犯的称呼、教练对球员的称呼等）。而称呼教授一般是 Professor＋姓。

语言是交际的工具，如果不了解各种语言所承载的文化，不了解各文化间的差异，就很难顺利地进行交际。文化差异的存在，常常使跨文化交际失败。因此，教师在英语教学过程中，除了要强调听、说、读、写等技能的提高外，还要帮助学生了解西方文化，让学生了解中西文化上的差异，从而促进跨文化交际的开展。

第二节　英语教学的理论依据

不同的英语教学方法源于对语言教学的不同看法，以及对语言学习的不同理解。因此，为了更好地认识和理解英语教学，我们还要了解和学习一些影响英语教学的理论基础。

一、比较语言学

比较语言学起源于 18 和 19 世纪的欧洲。它主要研究印欧语系中语言的语音系统。比较语言学是把有关各种语言放在一起加以共时比较或把同一种语言的历史发展的各个不同阶段进行历时比较，以找出它们之间在语音、词汇、语法上的对应关系和异同的一门学科。利用比较语言学既可以研究相关语言之间在结构上的亲缘关系，找出它们的共同母语，又可以找出语言发展、变化的轨迹和导致语言发展、变化的原因。这门学科在 19 世纪被广泛地应用于印欧语的语言研究中，并取得了较大成就。

二、结构主义语言学

从19世纪末到20世纪中期，不少学者如帕西（Pasy）、布龙菲尔德（Blomfield）、斯威特（Sweet）、韩礼德（Halliday）等都对语言的结构进行了分析和研究，并提出了很多重要的观点。在众多研究中，美国和英国的语言学家对结构主义语言学的研究做出了重要的贡献。

（一）美国的结构主义语言学

美国结构主义语言学是从研究美洲印第安人口语语言开始的。由于印第安人的语言没有文字的形式，所以他们就想办法用语言符号（如国际音标）把自己口述的话如实地记录下来，然后对收集的口语样本进行各种分析，研究它们的结构和特征。之后，美国结构主义语言学家用“描写”方法研究了英语及其他印欧系的语言。语言学家们认为语言可看作一个把意义编成语码的系统。这个系统主要由结构相关的成分构成，包括音位、词素、单词、结构和句型。一个语言系统主要包括音位系统、词素系统和句法系统三个方面。

（1）音位系统。在音位系统中，应该对音位、音位变体、音位组合的规则进行描述，还应该对连贯话语中的语音现象进行描述。

（2）词素系统。在词素系统中，应该对词素、词素变体、自由词素和黏着词素等成分和结构加以描述。

（3）句法系统。在句法系统中，应该对词的分类、短语分析、直接成分分析和句型的类型进行描述。

这些语言学家认为，口语是活的语言，所以语言是口语，不是书面语。学习语言首先应该学习口语，而学习口语就应该从学习某种语言的“当地人”所说的话开始。美国结构主义语言学家还发现语言有自己的独特结构，不同的语言有不同的音位系统、词素系统和句法系统。同样，不同的语言在音位系统、词素系统和句法系统中的成分、结构也有所不同。因此，学习语言要注重其差异性。

鉴于语言的这种差异性特征，美国结构主义语言学家认为，学习外语语言还受母语的干扰和影响。学习外语需要克服因外语语言结构和母语结构上的差异而产生的困难和错误。如果母语结构和外语的结构是相同的，那么学习也不会产生困难和错误，也就不需要教师的教授，只要学生接触语言就可以了，因此，在外语教学中，教师应努力解决这两种问题。

（二）英国的结构主义语言学

英国语言学家在对语言结构特别是句型结构的研究上取得了卓越的成效和显著的成果。对英国语言结构研究做出重要贡献的人物有帕尔默（H. Palmer）、霍恩比（A. S. Hornby）等。这些语言学家从20世纪20年代开始共同分析、总结了主要的英语语法结构，把英语语法结构归纳成一定的句型。英国语言学家主要的研究成果可以从霍恩比所著的《牛津高级现代英语词典》（*Oxford Advanced Learner's Dictionary of Current English*）、《高级现代英语词典》（*Advanced Learner's Dictionary of Current English*）等著作中看出来。霍恩比在其所著的《英语句型和惯用法》一书中归纳了很多英语句型，包括25种动词句型，5种名词句型，3种形容词句型。霍恩比还通过大量的实例说明这些句型的意义和句型与句型之间的转换性。例如，Most people considered him (to be) innocent 可转换为：Most people considered (that) he was innocent。

与美国结构主义语言学研究不同，英国结构主义语言学家的研究更加强调语言结构和结构使用情景之间的关系。20世纪40年代英国形成了结构主义伦敦学派，其代表人物有马林诺夫斯基（B. Malinowski）和弗斯（J. R. Fith）。马林诺夫斯基结合自己对南海岛屿居民文化的研究，得出了“南海岛屿居民的语言只能密切联系其文化才能理解”的结论。他将“语境”当作语言活动进行的自然环境。随后弗斯在马林诺夫斯基研究的基础上提出，“语言必须在不同的语境下对各个层面进行研究”的观点。弗斯还制定了描述“语境”的三个特点，即参与者的特点、相关目的、语言行为的效果。在弗斯的基础上，英国学者韩礼德又提出，语言的描述应该包括三个层面，即实体、结构和语境。语言学研究对应以上三个层面的是语音和音系学的研究、语法和词汇的研究以及语义的研究。

三、社会语言学

社会语言学是研究语言的社会本质和差别，以及他们的社会因素的一门学科。社会语言学认为，语言的最本质功能就是语言的社会交际功能。美国社会语言学家海姆斯（D. H. Hymes）认为，社会化的过程是一个儿童习得母语的最好环境，这不仅能使他们理解本族语的习惯并说出符合语法的句子，而且还能在一定的场合和情境中恰当地使用语言。1996年，海姆斯提出了“交际能力”理论。海姆斯认为，交际能力是指运用语言进行社会交往的能力，既包括言语行为的语法正确性，又包括言语行为的社交得体性；既包括语言能力又包括影响语言使用的社会文化意识的言语能力。

四、行为主义心理学

行为主义心理学兴起于 20 世纪 50 年代的美国，其代表人物主要有华生（J. B. Watson）和斯金纳（B. F. Skinner）。他们将学习看作刺激与反应的联结，并提出了一个假设，即行为是学习者对环境刺激所做出的反应。他们将环境看成刺激，把有机体行为当作反应，认为所有的行为都是通过学习获得的。行为主义在学习理论中发挥了重要的作用，特别是巴甫洛夫的经典条件反射和斯金纳的操作条件反射理论在人类的学习中被广泛应用。

斯金纳认为人们的言语、言语的每一部分都是由于某种刺激的存在而产生的。这里的“某种刺激”可能是言语的刺激，也可能是外部的刺激或内部的刺激。有关斯金纳的条件反射理论，这里举了一个十分恰当的例子：一个人口渴时会说“I would like a glass of water”。斯金纳指出，人的言语行为跟大多数其他行为一样，是一种操作性的行为，是通过各种强化手段获得的。因此，课堂上如果学习者做出了操作性的反应后，教师要及时给予强化，学生答对时要说，“好”或“正确”，答错时要说“不对”或“错了”，这样学习者的言语行为就会得到不断强化，发生错误的可能性就会降低，从而渐渐地学会使用与其语言社区相适应的语言形式。语言学习是在不断强化的过程中形成的，只有反应的“重复”出现，学习才会发生。

五、人本主义心理学

20 世纪五六十年代人本主义心理学在美国兴起，它与行为主义心理学和分析心理学形成了对立。人本主义心理学的主要代表人物有马斯洛（A. Maslow）和罗杰斯（C. R. Rodgers）。他们认为，教育的作用在于提供一个安全、自由，充满人情味的心理环境，使人类固有的优异潜能自动得以实现。他们的主要理论是“情意教学过程论”和“以学生为中心的教学模式论”。

人本主义心理学强调学习者内心世界的重要性，并且把个人思想、意愿与情感放在所有人发展的中心地位。人本主义所倡导的学习理论，不像行为主义和认知心理学那样从验证性研究中得到原则后再形成推论，而多半是根据经验原则提出观点与建议。此外，人本主义学习理论不限于对片面行为的解释，而是扩大至对学习者整个成长历程的解释。人本主义学习理论的基本观点如下：

（1）强调人的价值，重视人的意识所具有的主观性，选择能力和意愿。

（2）学习是人的自我实现，是丰富人性的形成。

（3）学习者是学习的主体，必须受到尊重，任何正常的学习者都能自己教育自己。

（4）人际关系是有效学习的重要条件，它在学与教的活动中创造了“接受”的气氛。

可见，语言学习既要教师向学生传输语言知识，还要通过大量的语言实践培养语言技能；学习语言的最终目的是交流信息、沟通思想，教师与学生面对面的语言交流和互动才是最有效的学习途径。人本主义学习理论的最大特点是重视学习的感情因素。因此，教师在语言教学过程中，要以学习者为中心，突出学习过程和自我实现的价值，贯彻“以人为本”的原则。

六、建构主义理论

随着心理学的不断发展，以及心理学家对人类学习过程中认知规律研究的不断深入，到20世纪后期，认知理论的一个重要分支，建构主义学习理论在西方逐渐流行。建构主义的最早提出者可追溯至瑞士学者皮亚杰（J. Piaget）以及苏联心理学家维果斯基（Lev Vygotsky）。

建构主义理论强调在教师的指导下、以学生为中心的学习方法。他们认为，学生是信息加工的主体，是意义的主动建构者，而不是外部刺激的被动接受者和被灌输的对象；教师是学习的意义建构的帮助者和促进者，而不是知识的传授者和灌输者。20世纪90年代以后，随着科学技术的迅猛发展，多媒体和网络技术为建构主义理论学习环境提供了技术支持，建构主义学习理论教学设计思想得到广泛应用。

七、二语习得理论

虽然在20世纪60年代这一理论已有展开，但是真正成为一门独立的学科是在20世纪70年代形成的。它的主要代表人物是美国学者克拉申（S. Krashen）。它针对第二外语的习得提出对外语界影响颇深的语言监控理论。虽然这一理论还存在颇多争议，但毕竟还是比较有影响的外语教学理论。该理论主要由五个假设构成，即习得/学习假设（The Acquisition/ Learning Hypothesis）、自然顺序假设（The Natural Order Hypothesis）、监控假设（The Monitor Hypothesis）、输入假设（The Input Hypothesis）和情感过滤假设（The Affective Fiber Hypothesis）。下面我们就对其中几个进行简单介绍。

（一）习得/学习假设

对“习得”和“学习”的区分，以及对它们各自在习得者第二语言能力形成过程中所起的作用的认识，是克拉申理论的出发点和核心。在习得/学习假设中，克拉申将学习和习得明确地分开，他将习得看作是在学习者无意识的状态下获得语言的过程，学习是学习者有意识地通过课堂学习等方式获得语言的过程，甚至可以说，习得和学习的知识处在大脑的不同部位。

（二）自然顺序假设

自然顺序假设认为，人们习得语言结构知识的顺序是自然进行的。例如，大量实验表明，当儿童或成人学习英语时（第二语言学习），对“进行时”的掌握先于“过去时”，对“名词复数”的掌握先于“名词所有格”等。克拉申还指出，自然顺序假说并不要求人们按这种顺序来制定教学大纲。事实上，如果我们以习得某种语言能力为目的，就可以不按照任何语法顺序来教学。

（三）监控假设

克拉申还提出了监控假设来说明学习的作用。事实上，监控假设与习得/学得假设有着密切的关系，它体现了“语言习得”和“语言学”的内在关系。根据这一假设，语言习得和语言学习的作用所存在的不同显现了出来。语言习得系统认为，潜意识的语言知识才是真正的语言能力；而语言习得系统则认为，有意识的语言知识只在第二语言运用时起监控或编辑的作用。这种监控作用既可发生在语言输出前也可能发生在其后。但是，监控能否发挥作用主要依赖以下三个条件。

（1）有充足的时间。语言使用者只有具有足够的时间才能有效地选择和运用语法规则。

（2）注意语言形式。语言使用者必须考虑语言的正确性。

（3）知道规则。语言使用者一定要具有所学语言的语法概念及语言规则知识。

在口头表达时，人们通常只注重说话的内容而忽视形式，没有过多地考虑语法规则。因此，在说话时，如果总是考虑语法监控，不断地构思和纠正自己的语法错误，说起话来就会结结巴巴，妨碍其交际活动的进行。在书面表达时，就不会出现这种状况，因为作者有足够的时间推敲字句，斟酌语法。

八、输出假设

克拉申认为可理解的输入在第二语言习得中起着主导作用，而斯温（Swain）认为输出在第二语言习得（以下简称二语习得）中有着显著作用。斯温根据她的“沉浸式”教学实验提出了输出假设。她认为语言输入是二语习得的必要条件，但不是充分条件；要使学习者达到较高的外语水平，除了靠可理解性输入，还要有可理解性输出；学生需要被迫使用现有语言资源，需要对将要输出的语言进行构思，保证其更恰当、更准确，并能被听者理解。这样，既可以提高学习者语言使用的流利程度，又能使他们意识到自己在语言使用中存在的问题。因此，在外语教学课堂上，教师应该给学生足够的时间和机会使用语言，以提高学生语言使用的流利性和准确性。

第三节　英语教学改革的历史沿革

英语教育一直是大学教育中的一个重点。英语教学改革也是英语教学发展的必要途径。下面来回顾英语教学改革的主要历程及其取得的改革成果。

一、英语教学改革的主要历程

（一）英语发展的第一和第二阶段

新中国成立后至1978年是英语发展的第一阶段。此阶段的英语课一直被称作公共英语课。英语发展的第二个阶段是1978－1984年。第二阶段的英语教学发展历程主要由英语教学开始逐渐恢复，教育部召开了全国性的外语座谈会并颁布了《加强外语教育的几点意见》，英语教学开始步入正轨，既开展了公共英语教师培训计划，又设立了公共英语教师的培训中心，成立了高等院校理工科公共外语教材编审委员会，编写了教学大纲和通用教材，成立了中国公共外语教学研究会。

（二）英语发展的第三阶段

1985—2001年是英语发展的第三个阶段，此阶段的英语教育事业取得了长足的进步，具体体现在以下两个方面：

教育部颁布了《英语教学大纲（高等学校理工科本科用）》，从此，“公共英语”这个名称逐渐被“英语”所取代；成立了大学外语教材编审委员会，并设立了英语编审组，之后又成立了高等学校大学外语教学指导委员会；这一阶段还出版了英语教材以及《英语教学大纲词汇表》，如杨惠中和张彦斌的《大学核心英语》、董亚芬的《英语》等。

随后，又相继出版了《英语教学大纲通用词汇表（1～4级）》和《英语教学大纲通用词汇表（5～6级）》；同时，成立了英语四、六级标准考试设计组，这对英语教学及其改革影响极大，为了更好地推动英语教学的发展，英语四、六级考试也在进行着不同程度的改革。

（三）英语发展的第四阶段

英语发展的第四阶段是从2002年至今。随着我国各项事业的蓬勃发展，这一阶段的英语教育事业也进入了鼎盛时期，特别是为了解决和迎接高校不断扩招引发的各种问题以及挑战，英语教学改革又迈出了坚实而有力的步伐。这一阶段，经过不断的修订和改善，最终制定了《英语课程教学要求》；启动了包括“英语网络课程”“高等学校教学质量和教学改革工程”和“新世纪网络课程建设工程”；实施了基于计算机网络和课堂新型的英语教学模式，诸多大型出版社共同开发了“英语教学软件”；为使改革更加深入和彻底，原教育部高教司司长张尧学发表了《加强实用性英语教学，提高大学生英语综合能力》等文章，对大学英语教学提出了有价值的合理化建议；教育部还设立了英语教学改革联络办公室，并创办了“开创英语新时代”网站，为英语教学改革与交流提供了重要的平台。

二、英语教学改革的主要成就

时至今日，英语教学已走过60多年的历程。在这段时间里我国社会各个层面都发生了变化，特别是十一届三中全会以来，各方面都取得了丰硕的成果，英语教学更是如此。

（一）初步树立了以素质教育为宗旨的英语教育教学理念

《英语课程标准》把对学生的学习、态度和自信心的培养放在英语教学的首要地位，把形成学习策略和健全人格作为课程目的的重要组成部分。

在重视掌握基础知识和基本技能的同时，提出了建立语感和获得基本的语言运用能力的要求。课程特别强调要关注每个学生的情感，激发他们的学习兴趣，帮助他们建立自信。

诸多的实践证明，英语新课程确实使教师的教学观念、教学方式和学生的学习方式发生了重要变化。任洁（2006）以广东省部分学校初中二年级学生为调查对象，调查了实施课程改革以后教师的教学方式和学生的学习方式所发生的变化。该项调查结果显示了一些重要转变。

教师观：从传授者向引导者的转变。

教学过程观：从注入型向探究型的转变。

教学媒体观：从演示工具型向认知工具型的转变。

教学组织形式观：从班级群体型向班级、小组、个体相结合的转变，教学由传授知识型走向促进发展型。

（二）建立了连贯、衔接的中小学英语课程体系

《标准》贯穿从小学三年级至高中三年级英语课程的九级目标体系。这个目标体系使基础教育阶段的英语课程成为一个整体，打破了以往按学段划分目标的体系。这一改革措施不仅有利于解决不同学段之间英语课程的衔接问题，也有利于学生根据自己的需要进行选择性学习。英语课程的九级目标体系还有利于不同地区、不同学校根据实际情况调整本地区、本学校的课程目标。

（三）倡导了新的学习方式和教学方式

倡导体验、实践、参与、交流与合作的学习方式，强调学生能用英语做事情。《标准》以描述学生“能做什么”为主线，强调学生要能用所学的英语做事情，在做事情的过程中发展语言能力、思维能力以及交流合作的能力。

提倡了任务型语言教学思想，把综合语言运用能力的培养落实在教学过程中。《标准》建议教师在课堂教学中采用实践性强、具有明确任务的任务型学习方式，使学生带着明确的任务目标，积极主动地进行学习。

课堂面貌随着新课程推进在发生令人欣慰的变化。课堂师生关系民主了，课堂状态由“封闭”转向“开放”。学生学习英语兴趣有了很大的提高，学生胆子大了，开口多了，学习主动了，兴趣提高了。

（四）倡导和尝试了新的评价理念和方式

不再拘泥于传统的评价方式，而是形成性评价和终结性评价相结合。实现了形式多样的评价模式，更加注重多学生能力的评价。

（五）推动了教研活动和教学观摩活动

各级各类的优质课展评、观摩课层出不穷，涌现了一大批优秀英语教师。各地开展的“送教下乡”充分利用了优质资源，对当地教师的英语课堂教学提高起到了很好的作用。

（六）推动了教师培训和教师专业发展

自英语课程改革实施以来，教育部、地方政府、学术机构和团体组织了各个层次的教师培训活动，在一定程度上促进了英语教师的专业发展。

第四节　英语教学的发展趋势

一、现代英语教学的演变趋势

（一）大纲设计

大纲设计涉及教学内容的选择、教学方法以及教学评估等内容。在传统英语教学中，教学内容的掌握是教学的最终目标，教学方法仅仅是实现教学目标的路径。大纲设计者应根据结构对语言项目进行归类，并寻求教授这些语言项目的方法。例如，在语法翻译法中，学习者的学习任务和目标主要包括掌握相关的时态、语态规则并识记一定数量的词汇，将所学的规则和词汇项目应用到翻译实践中等，课堂的教学内容与学习方法不是由学习者真实的应用目的决定的，这就导致学习者很难将课堂上所学的内容运用到实际交流中。随着交际型、以技能为基础的教学方法的出现，研究者意识到教学目标与教学过程是不可分割的有机整体，学习者必须通过一系列的交际活动才能达到相应的教学目标。大纲设计者需要先确定学习者需要掌握的目的与技能，并寻求学习者达到这些技能的方法，将教学目标和教学过程逐步融合为不可分割的整体。

（二）教学方法

传统的英语教学以教师讲授为主，教师是课堂教学的主体，决定着课堂的教学内容、教学方法、教学进度以及评估方式，而学生是课堂的被动接受者，在课堂上缺乏语言输出的机会。尽管学生花费了大量时间学习、掌握语言规则，却很难有效地将学到的语言知识恰当地运用到实践中。例如，在语法翻译法中，教师负责教授词汇、语法、课文分析等具体的语言项目，课堂主要围绕语言知识点的传授进行，学生缺乏通过合作、小组交流参与到课堂活动中的机会，无法成为课堂的主体。随着语言学习交际化理念的普及，英语课堂正逐渐由传统的教师主控转变为让学生大量接触语言信息并输出语言。教师逐步将权力移交给了学生，学生在教师的指导、帮助、协调和鼓励下通过小组讨论、角色扮演、辩论、对话等方式充分提高了自主合作能力和创新意识。学生逐渐成为课堂活动的中心，教师则转变为课堂的组织者、协调者和顾问。“教什么”“怎么教”“何时教”“如何评”均根据学生的实际情况来决定，“以学生为中心”的理念逐渐得到推广和实施。

（三）学习者的角色

传统英语教学中，学生是被动的知识接受者，他们不知如何将所学的词汇和语法在真实的语境中进行创造性的使用，而是花费大量的时间背诵与模仿。例如，以操练为主的听说法将语言学习视为习惯形成的过程，忽视了学生通过接触而对语言进行的分析与归纳，最终使学习者完全成为语言的复制者，对于课堂之外的交际活动感到束手无策。随着人本主义思想的日益普及，目前的英语教学正鼓励学生充分发挥主观能动性和创造性，鼓励学生将所学的词汇和结构进行重组，生成新的表达。教师鼓励学生通过反复练习，接触和运用语言。课堂成为沟通课上和课下交际的桥梁，而不再是保护学习者免遭风险、杜绝错误、阻止其大胆交际的隔离站，学生正成为课堂真正的主体。

（四）语言的处理

在传统的英语教学中，语法与词汇被看作独立的语言项目，学生不知道如何将其进行组合，形成语义网络，导致其将所学的语法形式与交际意义相脱离。例如，语法翻译法中，教师要先向学生传授语法规则、讲解词汇，然后通过翻译练习巩固所学的语言知识。而听说教学将语言学习看作习惯形成的过程，语法规则通过学习者的领悟与归纳，而不是通过教授获得。尽管两种教学方法、教授语法规则的顺序不同，但均将语言知识当作独立的语言项目，将语言的获取看作由简单到复杂的线性过程。实际上，学生并不是一次性地将某一语言项目完美地获取，他们可以同时习得多个复杂的语言项目，并且通过重组、假设、验证等一系列复杂的、非线性的过程加深其理解。传统的英语教学使学生无法将所学的语法规则应用到真实的交际中。目前的英语教学中，学者们呼吁教师将语法规则与特定的交际情境相关联，使学生弄清形式与意义的关系，在真实的语境中学会选择适当的表达。

（五）教学材料

传统英语教学中，语言材料是教材编写者为了教授某一特定的语法知识或词汇项目而设计的。由于脱离了真实语境，这些内容在实际交际中鲜为使用，不利于培养学生的语感意识和能力。而目前的英语教学提倡使用真实的以篇章、任务为基础的语言材料进行语言教学，学生使用来自电视、报纸、杂志、广播中的真实材料培养自己的听、说、读、写能力，由于这些语言材料来源真实的语境，与人们的日常生活密切相关，因而大大提高了学生的实际语言运用能力。

（六）学习设备

传统的英语教学中，教材是学生语言学习的主要工具。由于条件所限，这些课本通常没有配备相应的视频辅助材料，很容易使学生产生厌倦情绪。随着网络等技术的发展，学生可以通过网络下载相应的文件，并且与英语本族语者通过网络直接沟通交流，大大提高了其听说能力和跨文化交际意识。另外，目前的纸质课本大多附有供学生自主学习的光盘，图文并茂，提高了学生的学习效率，大大激发了其学习英语的积极性。此外，随着移动设备的发展，学习类APP 作为新型的移动学习资源，充分利用了移动设备的优势和强大的娱乐功能，为语言学习者提供更有趣味性的学习平台。英语学习类 APP 已经成为英语移动学习的一种重要工具。

（七）学习方法

在传统英语教学中，学生的主要学习目标是完成教学大纲所规定的教学项目。在语法翻译法中，教师要求学生识记大量的词汇和语法规则，而学生的主要任务就是通过不断的练习掌握要求的语言项目。然而他们不知道如何巧妙地使用学习策略完成学习任务，而学习策略是学生提高学习效率、提高自主学习能力的重要保障。目前的英语教学鼓励教师不仅要教授语言内容，而且要注重学习策略的传授，正如“授人以鱼，不如授人以渔”。教师在教学过程中要有意识地教授学生如何通过略读、扫读等策略抓住课文的关键信息，如何根据语义场景更加高效地记忆词汇，最终使学生可以创造性地使用语言，并且使用元认知策略对自己的学习过程进行监控和评估，以更好地提高学习效率。

（八）课堂组织与课外活动

在传统英语教学中，课堂是学生进行语言技能训练的唯一场所，教师是课堂的绝对支配者，学生是语言知识的被动接受者，这种单一的教学模式极大地限制了学生进行课堂小组活动的机会。在这种教师掌控课堂的教学环境下，学生无法自由表达自己的观点，也没有机会通过小组讨论进行意见协商，语言输出受到了限制，学习的积极性和创新性也受到了很大的影响。目前的英语教学呼吁教师将主动权逐渐移交给学生，让学生成为课堂的主体，教师作为课堂的协助者、评价者与监控者，指导和鼓励学生积极参与到各种小组活动中，通过交流合作培养其创新性、自主性、参与性与积极性，词汇和语法知识的讲解不再成为课堂的主要内容，课堂活动成为课堂的主线。另外，随着自主学习理念的逐步推广，目前的英语教学鼓励学生将课堂活动与课外活动有机结合，在课外通过实践参与激活和巩固原有的语言知识，不断提高自主学习意识和学习效率。

（九）测试评估

传统的英语测试只注重结果，不注重过程，由于标准化测试的内容是由学校等官方统一命题和评阅的，任课教师往往无权干涉，导致学生学习的内容与测试的内容出现脱节，学生对于自己所学过的知识并没有完全理解。目前的英语教学主张将结果性评估与过程性评估相结合，教师系统地教授学生如何评估自己的学习行为，自我评估能使学生及时了解自身的收获与不足，进而及时做出改进。

二、英语教学的演变趋势对我国英语教学的启示

尽管传统的英语教学存在重结果轻过程、重形式轻意义、重教师轻学生等一系列弊端，但是，英语教学是一个极为复杂的过程，涉及教学目标、教学环

境、教学阶段、学生特点等诸多因素。传统教学法虽然存在诸多弊端，但其在提高学生语言准确性方面仍发挥着不可低估的作用，不能全盘否定。

（1）根据具体的教学目标、教学内容，学生的学习发展阶段，择优选择教学法。原北京外国语学院副院长王佐良曾指出，某些方法在某一阶段对某些学生来说是有效的，但是没有任何一种方法适用于所有教学阶段和所有的学生。首先，教师要根据不同的教学内容，有意识地在各种教学方法之间进行转换。例如，在进行词汇与语法教学时，教师可适当使用语法翻译法，以提高学生语言的准确性；但在讲解课文的过程中，教师要及时切换教学方法，不要一味将重点放在句子意义的讲解和翻译上，要将社会文化知识与语言知识进行有机结合，使学生在提高语言能力的同时增强其文化意识。教师可适时将交际教学法融入各单元的主题中，以提高学生的社会文化意识、语言应用能力、策略能力和交际能力。其次，教师要根据不同的学习阶段，选择适当的教学方法。例如，在学习的初级阶段，教师可以使用语法翻译法着重培养学习者的读写技能，而在中级阶段，学习者已经掌握了基本语法、词汇量，有了一定的阅读能力，可针对其口语能力弱的问题，适度将重点从语言形式转移到语言意义上，采取交际教学法重点培养学生在不同语境中运用语言进行交际的能力。到了高级阶段，应以人为本，充分发挥学生的积极性和团队协作精神，借鉴任务型语言教学以任务为载体、以合作为原则、以小组活动为主要形式的教学理念，通过指导学生完成任务，以更好地激发其学习动机，培养其积极性、主动性与创造性。另外，也可以根据不同的课型或课程特点选择不同的教学方法。如针对多数中国学生听力环节薄弱、听力教材枯燥单调的现状，在听力课中可以引入情境教学，图文并茂的教学方式不仅有助于学生的理解，也可以提高其学习积极性，使学生不仅愿意学，而且容易学。

（2）更新传统的教材体系，使教材更好地为培养学生的交际目的服务。作为课堂教学的基础，教材的编写原则直接影响教师对教学方法、教学内容的选择以及最终的教学效果。教材的编写应注重题材的多样性、材料的真实性与趣味性以及学习者的参与性，使学习过程变得更加生动有趣，避免出现昔日课堂教学围绕教材进行应试培训的局面，以提高学生语言交际能力为根本。

（3）情感态度是影响学习者学习和发展的重要因素。美国著名语言教育家斯蒂申·克拉申（1982）在其情感过滤假设理论中提出，学生需要积极、乐观的情感来促进语言学习。自信、学习动机强的学生往往掌握语言的速度更快。如果教师在教学过程中一味给学生指出各种错误，尤其是语言形式方面的错误，势必使学生产生挫败心理和厌学情绪，从长远来看会影响其语言学习的热情和效果。因此，在教学过程中，教师需注重培养学习者的学习热情与积极性，缓解其焦虑情绪。教师不必有错必究，要适度包容学生的语言错误，鼓励学生大胆练习，勇于创新，仅对影响表达意义的关键部分或可能导致交际障碍的语言错误进行委婉、有技巧的纠正，将重点放在流利度而非准确度上，在提高流利度的基础上逐渐提高其准确度，最终提高课堂教学效率。

（4）改革传统的测试评估体系。对传统的测试评估体系进行改革有助于摆脱传统测试对教学内容的束缚与指挥以及对提高学生语言交际能力的不利作用。测试是评价教师教学效果以及学生语言熟练度的重要标准，基于测试的重要性，英语教师"为考试而教"的情况短期内无法改变。从某一程度上来看，测试支配着课堂教学的内容。基于测试对课堂教学的影响，广大一线英语教学者与测试者应加强沟通与交流，使测试能有效指导、促进英语教学。测试评估时可适度增加对学生听说两部分语言能力的测试力度，促使教师将教学内容的重点由语言形式逐渐转移到培养学生的综合语言运用能力上来，并通过提高学生综合语言水平进一步推动测试体系的发展与完善。

（5）坚持"以学生为中心"的理念。教师在课堂中发挥着至关重要的作用，但教师应将权利适当移交给学生，鼓励学生通过体验、参与和实践实现英语学习的交际目标，培养其合作精神、自主学习意识和策略意识，以更好地激发学生的学习动机，形成积极乐观的学习态度，最终促进其实际运用能力的提高。

英语教学是一个复杂的过程，受教学对象、教学目标、教学环境、学习者的学习阶段等诸多因素的制约。在教学的过程中，教师不必拘泥于某一特定的教学方法，而是应该及时更新教学理念，对原有教学方法辩证看待，取其精华，去其糟粕，博采众家之长，根据实际情况对各种教学方法进行优化选择和综合运用，以最大限度地提高课堂教学效率，促进学习者提高英语水平。

三、英语教学基本思路的转变

什么才是一堂好的英语课？每位教师可能会有不同的答案，甚至大相径庭，下列一些因素是普遍性的，它们已经被大多数教师和教研工作者所认可：

学生对所给的语言材料掌握透彻；学生始终保持注意力集中；学生在学习过程中使用英语；学生喜欢这节课，有学习积极性；学生在整个学习过程中始终是活跃的；课堂教学应当是按计划进行的；在整个学习过程中语言总是被用来交流和沟通的。

细心观察不难发现，一节英语课要想取得良好效果，必须做到以下三点：一是学生要有高度的积极性和参与性；二是教师要有计划地使学生熟悉语言材料；三是在课堂上要进行模拟真实的语言交际的行为。这即被称为课堂教学三要素“ESA”，分别代表 Engage（激发兴趣），Study（语言学习），Activate（交际运用），下面分别解释。

第一个要素是激发兴趣。上英语课时有些人容易注意力不集中，这是因为他们对所学的内容不感兴趣，没有把感情投入到学习中去。如果教师能采取一种方式来激发他们，或给他们制造某种挑战，学生的参与积极性就会大增。激发学生兴趣的方法很多，可根据学生的年龄和客观条件采取不同的方式。总的来说，可以通过做游戏、唱歌、讨论、讲故事、用实物或多媒体展示等方式调动学生的积极性。

第二个要素是语言学习，根据我国目前英语教学的现状，我们不能完全摒弃传统教学方法。语言学习所涉及的范围较广，从最基本的发音、词汇、语法规则到语言的深层含义以及语言风格等都是语言学习的内容。教学过程中，教师必须坚持让学生进行语言知识的训练，使他们积累丰富的语言知识。

英语课堂的第三个要素即交际运用，要求学生在教师的指导下用所学的语言尽可能多地进行模拟真实交际。交际运用可以采取很多不同的方式，如角色扮演、讨论、描述、做设计、做采访、讲故事、写作等。

之所以把 ESA 称为一堂成功的英语课的三要素，有以下原因：

第一，ESA 三要素吸取了当今英语教学法主要流派的精华，特别是听说法（Audio Lingualism）和交际法（Communicative Language Teaching）的精华。

听说法的心理学理论基础是行为主义理论（Behaviourism），其代表人物斯金纳（B. F. Skinner）和华生（J. B. Waston）提出了“刺激—反应”理论。该理论认为语言学习就是一个在特定环境下习惯养成的过程。这种说法有其片面性，实际上语言的学习比习惯养成要复杂得多。然而，在这种理论下所进行的操练却仍然被英语教师广泛使用，且非常有效。听说法强调语音和口语训练，主张先听说、后读写的教学顺序，把课堂大部分时间用在教师的指导和控制下开展重复性的句型操练，或在对话中担任角色，用对话来呈现新的单词和结构，主张用模仿和重复来学习对话，要求在句型教学的基础上讲授语法知识。它主张限制口语和翻译的运用，提倡利用直观手段、情景和上下文，以及英语来直接释义。对于初学者来说，它在句型结构规则的教学方面有其科学性和实用性，它可以使学生在较短的时间内取得明显进步。听说法的另一个优点是重视英语语言内部的对比和分析，教师可以通过预见难点和严格控制教学内容来避免学生犯错误，这一点也反映在了 ESA 的第二个要素 Study 中。

交际法的语言理论基础是社会语言学，代表人物是乔姆斯基（Noam Chomsky）、费斯曼（J. A. Fishman）。交际法主张以具体的交际功能项目（如问候、邀请、做客、看病等）为主要线索来安排内容（这一点正好与听说法相反），并根据学生将来工作的实际需要来确定其培养的侧重面，因而力求在整个教学过程中以适合不同阶段的方式进行交际活动，使学生具有创造性地组合和运用所学的英语知识来表达自己感情的能力。交际法的典型课堂活动为 pair work 或 group work。教师在课堂中设立交际场景，组织学生间的活动，有时教师本人也可以参与进去。教学以语段为基本单位，学生从一开始就学习听、说、读、写，让学生广泛地接触英语，在广泛接触的基础上逐步掌握它，并强调“忘记母语”。这种做法是在课堂上倡导交际运用的理论来源。

当然，交际法也并不是十全十美的方法，它也存在一些明显的缺陷：忽视语言的规范性和准确性而影响交际；忽视语言知识的积累，使交际活动缺乏由浅入深、循序渐进的知识系统；教师和教材在交际功能的选择上具有很大的随意性；经济条件、师资条件、班级过大、学生水平参差不齐等诸多因素直接影响交际法的教学效果。

在 ESA 三要素中，可以采用一定的方式让上述缺陷减小到最低程度。遇到这类问题时，教师可使用 Study 或 Engage 中的某些方法来解决。

第二，ESA 三要素充分考虑到了教学的实际情况，体现了“从实际出发”的思想。它给人最深的印象就是实用，具有很强的操作性，摒弃了“大道理”，而代之以切实可行的教学步骤。

第三，ESA 三要素为教师针对不同情况，采取多种多样的课堂组织形式提供了依据，避免了教学法上的模式化，有利于教师开展个性化教学，也使人们对英语课的评价标准有了一个清醒的认识。尤其对于使用新教材的老师来说，ESA具有很现实的指导意义。新教材语言知识容量增大，对交际性提出了更高的要求，这就使教师掌握有效的教法显得更为重要，也为ESA三要素作用的充分发挥提供了平台。

ESA是一堂好的英语课的必备要素，应合理地运用于教学中。对于不同层次、不同水平的学生，可以采取不同的方式。需要说明的是，ESA三要素虽然至关重要，但并不意味着上每一堂课都用同一个流程，而是要依据学生实际情况及教学材料的不同而采取不同方式。

对于初学者可以采用“直线式”流程，即E→S→A（激发兴趣→语言学习→交际运用）方式，在某些情况下，ESA三要素的展现也可以采用“迂回式”的流程，即E→A→S→A。

第一种“直线式”流程可以使教师很清楚学生需要什么，很自然地传授学生在实际运用中所需要的知识。而第二种“迂回式”流程是在教师不清楚学生知识漏洞的情况下采取的，这种安排方式适合于复习性质或总结性质的课。当然，在设计教学步骤时更多的是采取“混合式”“套用式”“连环式”等多种方式，要依实际需要来确定。

作为实践在教学第一线的英语教师，必须认识到，不存在一种能适应各种情况的万能教学法，但同时也不能因此而墨守成规。ESA三个因素一定要在课堂上得以体现，教师应当根据自己的风格、经验和能力，使用各种方法中最有效的一个方面来应对教学中的各种可变因素，如学生状况及反应、班级大小、课时安排、教材内容等。学习英语教学法的必由之路，是将理论和实践相结合，在掌握英语教学理论的基础上摸索出适合自己且行之有效的方法，积累丰富的实践经验。

第三章　英语教学要素分析

第一节　学习者分析

一、学习者的认知发展特征

语言教学以学生的语言认知能力的发展、语言运用能力的发展、综合素质的发展为目标，只有教学设计符合学生的认知发展规律，教学设计的实施才能有效。因此，学习者的认知发展特征的分析是教学设计中必须首要分析的要素之一。

（一）认知的年龄特点

根据皮亚杰（Jean Piaget）的儿童认知发展理论，儿童认知发展过程可划分为四个阶段，即感知运动阶段（0～2 岁）、前运算阶段（2～7 岁）、具体运算阶段（7～11 岁）、形式运算阶段（11～15 岁）四个阶段，每个阶段的认知表现都不同。

中小学生的认知发展处在具体运算到形式运算的发展阶段。在具体运算阶段，儿童虽然具备了简单的逻辑推理能力，克服了思维中的自我中心性，但是其思维活动依旧局限于具体的事物以及过去的经验，缺乏抽象性。难以理解数学问题、物理问题以及社会问题。此阶段中学习者可以理解反映分类、序列等内化心理操作的命题之间的各种逻辑关系，并可以通过假设来进行推理。

鉴于策略在学生自主能力发展中的重要作用，认知策略的学习被纳入教学设计的必要组成部分。但是，研究发现，只有当认知策略的内容确实能与某个年龄阶段儿童的心理能力相协调时，儿童才能真正从这种策略学习中受益，否则不仅不能促进儿童的认知发展，还会对认知发展造成不同程度的阻碍。因此，了解不同年龄段学习者的认知特点是特别重要的。

（二）记忆的年龄特点

记忆是人脑保持信息和再现信息的心理过程，包含着不同的心理操作，如感觉登记、编码、存储、提取等，是学习的必要条件。记忆分瞬时记忆、短时记忆和长时记忆。短时记忆的容量只有 7±2 个刺激单位，信息保持时间一般是几秒钟。在短时记忆中储存的信息经过编码、复述并与个体过去经验建立意义联系之后转入长时记忆系统，从而形成永久记忆。

记忆表现为再认和再现。当需要解决的任务难度提高时，个体的再认能力表现出随年龄的增长而提高的趋势。当所面临的情景在生活中很少见时，儿童的再认能力就会表现出明显的劣势。相对说来，成人的再认能力表现突出。

一般说来，个体再现能力随着年龄的增长而提高，再现时对外在线索的依赖性越来越小。研究发现，动觉印象对促进记忆的效果具有明显的作用。如果在记忆时能将所记内容用形体表演出来，则回忆水平会明显提高，而年龄的差异可以消除。

儿童自由回忆成绩随着年龄的增长而增长，而记忆能力的增长与记忆过程和策略运用有关。

儿童认知能力随着其对解决问题规则的不断掌握而发展。而儿童对环境事件进行表征及编码的能力是导致其学习能力发展的主要原因，如果学习者对所面临的情景不熟悉，或者对有关信息进行加工的能力有限，在运用规则方面就会出现倒退现象。

（三）元认知发展特征

元认知是指人类对其自身认知活动的认知。人们对元认知的构成有着不同的看法。学习者是认知的主体，对自己学习风格、多元智能、个性特征以及语言基础等方面的了解是每个学习者必须具备的元认知知识。要完成任务，学习者必须了解任务的目的、要求，必须了解完成任务所必须具备的资料、策略和操作。如果不具备应有的认知策略，则难以顺利完成认知的任务。

而元认知体验是指学习者从事认知活动时所产生的认知和情感体验，与主体在某项认知活动中所处的具体位置以及认知活动的进展有关。元认知监控是指个体对自己的认知活动进行积极监控，并相应地对其进行调节，以迅速达到预定的目标。个体的元认知水平具体体现为元认知操作，包括计划、管理、监控、评价、补救、利用先行组织等。也就是说，一个人的元认知水平高低要看其是否能够计划自己的学习，管理自己的学习，监控自己的学习，评价自己的学习，是否能够调控学习方式，是否可以选择有效的学习策略，是否可以进行适当的补救，是否能够很好地利用各种资源，是否能够在活动之前做好应有的准备工作。

研究发现，随着年龄的增长，个体的元认知能力逐步提高，而且学习者的自我监控学习能力中的方法性、反馈性水平与学习成绩存在着正相关。但是，在没有策略培养的情况下，一个人的元认知水平发展会十分缓慢，有的甚至永远不可能成为一个自主学习者。

（四）认知发展理论

同一年龄的学生有着很多共同的认知特点，这为班级教学提供了心理学的基础。在设计教学活动时，除了考虑每个学生的认知特点与差异之外，更主要的还是要考虑基于同一年龄阶段学生的认知特点的共性。

当然，不同学习者的已有图式不同，教学设计也应尊重学习者在图式上的差异，尤其是要善于借助已有的差异开展互助学习。即使是小学开始学习英语的学生也已经进入了皮亚杰所说的前运算阶段，不是处于认知的起点，这与母语学习者的习得过程具有明显的不同。教学设计必须分析学习者的已有认知基础。中国学生学习英语又具有自己的特点，因为中国的英语学习总是建立在已有的汉语基础之上，而汉语与英语分属不同的文化、不同的语系，英语学习中顺应的成分要大于同化的成分。这就需要教师做好学习者的图式分析，促成英语学习者语言和文化之间的正迁移，减少负迁移，促进学习者的认知发展。

（五）最近发展区

教学中必须考虑的另一个共性的认知特点就是“最近发展区”。维果茨基（Lev Vygotsky）认为所谓“最近发展区”是指个体独立解决问题所决定的实际表现水准，与在他人帮助下可以达到的潜在表现水准间的差距，也就是学习者目前水平与经由别人给予协助所能达到的水平之间的差距。

研究发现，在两人或更多人合作解决问题时，通过参与者积极参与，共同合作，独立解决问题能力较差的学习者，水平可以得到提高。这是因为，同伴或教师的指导给学习者提供暗示、鼓励或指导，这些暗示、鼓励或指导可以使学习者完成自己独立一人不能完成的任务，理解自己独立不能理解的内容，从而获得发展。

二、学习者的学习风格与学习方式

学习者的差异表现在认知的各个方面。学习者之间不仅认知发展不同，学习风格和学习方式也存在着很大差别。在教学设计中开展学习者因素分析，还必须分析学习者学习风格和学习方式的特征和差异。

（一）学习风格

根据不同的分类方式，学习风格大体可以分为以下几种。

1. 基于感知模式的学习风格分类

根据人们感知模式的不同，学习风格可以分为视觉学习（visual learning）、听觉学习（auditory learning）、体验学习（kinesthetic learning）和触觉学习（tactile learning）。一般说来，视觉学习者对视觉信息的感知力最强；听觉学习风格的学生对听觉信息的感知能力较强，比较喜欢通过听来学习；体验学习风格的学生对行为的感知能力较强，喜欢通过做事学习；一些需要动手操作的活动，如绘画、剪纸、雕塑、手工制作等活动自然为触觉学习风格者所钟爱。

2. 基于认知方式的学习风格分类

根据学习者认知方式的差异，学习风格可以分为分析型学习风格（analytic learning）和综合型学习风格（global learning）、审慎型学习风格（也称思考型或反思型学习风格）（reflective learning）和冲动型学习风格（impulsive learning）、场依存型学习风格（field dependent learning）和场独立型学习风格（field independent learning）。

分析型学习风格学习者考虑问题比较细致，擅长将信息组织成轮廓清晰的概念集，找出信息之间的异同，习惯于线性地、一步一步系统地展示语言材料，分析推理能力比较强。但是，该风格学习者的信息整合能力较差。与分析型学习风格学习者不同，综合型学习风格学习者重视整体，思维比较粗略，反应速度比较快，善于将信息组织成整体，倾向于重视情境的全部，而往往忽略细节，忽视部分间的区分。综合型学习风格学习者言语形式的逻辑推理能力相对较差，很难对文本进行细致分析。

审慎型学习风格学习者在解决问题时总是谨慎、全面地检查各种假设，在确定没有问题的情况下才会给出答案。而冲动型学习风格学习者却相反，他们很少经过仔细全面的考虑，总是急于给出自己的答案。因此，当问题比较复杂，需要学生做更多的思考时，冲动型学习者就会表现出不适应，由于急于回答问题而导致错误增多，从而影响其下一步的参与。研究发现，审慎型学习风格学习者在完成任务时能够分析具体任务，选择适当的策略，任务完成质量也比较高。对冲动型学习风格学习者而言，虽然随着年龄的增长，认知的冲动有所降低。但是，在没有相关训练的情况下，其风格很难有大的变化。

场依存型学习风格是指在认知方式上依赖外在参照，受外在环境影响较大，而场独立型学习风格则受环境的影响相对较小。换句话说，场依存型学习风格学习者在感知事物时更容易受事物明显的知觉特征影响，因此更容易受人际关系与人际交互的影响，更相信自己的直觉，容易出现只见森林不见树木的情况。相反，场独立型学习风格学习者是只见树木不见森林，他们习惯分析型的学习方式，在形成观点之前总是先进行事实信息分析。

（二）学习方式

多数情况下，人们把学习方式等同于学习风格，因为学习风格确实反映了不同的学习方法和策略使用。动觉学习者习惯于体验型学习，审慎型学习风格学习者喜欢反思性学习，但是多数学习风格并不能明确指示学习行为。场依存型学习风格学习者只表明学习者对外界参照的依赖程度，表明其是否会受环境的影响，却不能明确其所采用的学习方式。学习方式有以下几种：

1. 接受型学习

接受型学习是指喜欢听教师的演绎式讲解的学习方式，学习缺乏主动性。中国很多学生习惯这种学习方式，在这种学习方式中，传统的以教师为中心的教学扮演着十分重要的角色。但是，即使在大力提倡任务型教学的今天，喜欢接受型学习的学习者依然存在。

2. 自主学习

自主学习是指学习者在分析自我需求的前提下制定自己的学习计划、安排自己的学习活动、监控自己的学习行为、评价自己的学习效果、调整自己学习方式的一种学习方式。虽然很多研究者把自主学习作为一种学习方式，其实其所反映更多的不是学习方式，而是一种学习能力或者学习状态。但是，在设计教学活动时我们必须考虑学生是否能够开展自主学习，否则就可能造成活动设计不合理。

3. 合作学习

合作学习是与自主学习相对的一种学习方式。合作学习是指学生在小组或团队中为了完成共同的任务，有明确的责任分工的互助性学习。小组活动、同伴活动虽然具备合作学习的形式，但不一定是合作学习。合作学习要求学习者之间能够积极配合，积极承担在完成共同任务中个人的责任。也就是说，合作学习中学习者各有各的角色，合作者之间是一种依存关系，每个合作者的角色都是必不可少的。

第二节 学习需求分析

一、学习需求的内涵

需求分析（needs analysis）是教学设计的起点，缺乏应有的需求分析就难以保证教学设计的适应性。教学期望学习者达到的学习状况是指教育目标要求学习者具备的知识、能力、素质等，包括社会对学习者的知识、能力、素质的需求，学习者未来职业对学习者知识、能力、素质的需求，以及学习者自身发展对自己的知识、能力、素质的个人需求。学习者目前的学习状况则是指学习者群体在知识、能力、素质方面已经达到的水平。学习者需要接受教育，是因为他们尚不能达到社会、职业和他们个人对自己的知识、能力、素质的要求，这一差距是必然存在的，也就构成了学习需求的必然存在。

这里需要特别说明的是，教学设计中所说的学习需求是指学生群体的需求，而不是个体的，因为我们这里所探讨的教学设计是面向学生群体（如班级）的教学设计。

（一）学习者现有知识、能力、素质等水平

知识包括元认知知识和认知知识、课程知识、学业知识和社会知识。在设计教学时我们必须了解学生已有的元认知水平和认知水平，学生是否能够管理自己的学习，是否能够计划、调控和自我评价；学生是否具备应有的策略知识，是否了解听、说、读、写等各种任务处理的方式；学生对课程内容了解如何，是否具备开展课程学习必须具备的相关语言知识和话题知识、社会文化知

识以及相关背景知识，或者说学生是否具备应有的图式背景。

能力主要是指听说读写技能。以阅读课为例，学生是否具备基本的字面阅读能力，是否具备基本的文本解码能力、信息识别能力、信息转述能力、逻辑推理能力和问题解决能力。

素质是一个比较笼统的概念，不同的人可能会有不同的诠释。就教学设计而言，除知识和能力以外，我们还必须分析学生的情感态度、合作意识等。既然这些都是教学目标，自然也就应该是需求分析的一部分。

（二）学习目标要求学生达到的知识、能力、素质等水平

学习目标首先指课程标准规定的课程目标，包括知识、技能、情感态度、文化意识和策略等各方面。由于社会的发展以及各种需求的变化，课程目标也会发生变化，这就需要教育工作者时常进行需求分析。

就具体的教学设计而言，需求分析中分析的是学期目标和单元目标，以及具体课堂的学习目标。这些目标的确定首先应该在课程标准中规定的课程目标前提下进行，然后根据教材的特点和学习内容的要求确定具体的、具有操作性的学习目标。

课堂教学中的学习目标分析可以是知识层次的目标、理解层次的目标、应用层次的目标，也可以是元认知层次的目标。就一节课而言，应该有一个或几个主要目标，同时包括几个阶段目标。以阅读教学为例，学习目标可以是理解性的，比如推理判断，理解文章大意、作者写作意图、文章中人物的观点、态度等；可以是应用性的，比如对文章信息的应用，对文章中语言逻辑的应用等；当然也可以是知识性的，如信息提取，信息转述，复述课文．分角色讲述故事等。

二、学习需求分析的方式

学习需求分析一般要经过数据采集和分析两个阶段。数据采集一般可以采用问卷、访谈和测试等方式进行。例如，可以通过问卷调查的方式，对学习者现有的知识、能力、素质进行调查和分析；可以通过访谈的方式收集有关学生情感态度、学习喜好、兴趣动机等方面的信息；可以通过测试的方式了解学习者的现有语言基础，包括知识水平和技能水平。

分析可以采用定性分析和定量分析两种形式，定性分析主要采用描述的形式，而定量分析可以借助 Excel、SPSS 等软件进行，做方差分析、回归分析、显著度检验、t 值检验等，从而为教学设计提供数据支撑。

第三节　教学目标分析与设计

一、教学目标设计的基本取向与分类

教学目标是教育价值观在教学中的具体化，教学目标也因此无不体现某种价值取向。基于课程论的观点，教学目标可以分为“行为目标”取向、“生成目标”取向和“表现性目标”取向三种价值取向。

(一)“行为目标”取向

在“行为目标”取向中，目标以具体的、可操作的行为的形式陈述，它明确了教学过程结束后，学生应该发生行为变化。目前课程标准中目标的描述所采用的都是行为目标的表述方式。行为目标具有精确性、具体性、可操作性等特点。目标既要指出学生要养成的行为，又要指明这种行为能得到运用的生活领域或内容。也就是说，目标实际上应该包括行为和内容两个方面。布卢姆教育目标分类学的提出更是把行为目标的描述推向了新的阶段。根据行为目标的要求，教学目标一般由三个部分组成：一是学生外显的行为表现，二是能观察到的这种行为表现的条件，三是行为表现公认的准则，如给学生一篇文章，学生在五分钟内不靠帮助或参考书，能够识别其风格。

“行为目标”取向在本质上受“科技理性”的支配，体现了“唯科学主义”的教育价值观，以对行为的有效控制为核心，把教学设计和人的学习过程变成一个可预先决定和操作的机械过程，忽视了教学设计过程中的创造性以及人的学习主体性。

(二)“生成目标”取向

与行为目标不同，生成目标不是预先制定的课程指令、课程文件、课程指南，而是教育情景中随着教育过程的展开而自然生成的教学目标，是教育情景的产物和问题解决的结果。

教学过程是以课程为中介的师生互动交往的过程，富有生命力、动态性和

变化性。由于教师和学习者的自主性、独立性和创造性特点，教学活动也因此总是充满各种变动因素，不可能完全按照预先安排好的计划去进行，教学目标也因此必须具有生成性，需要在预先设想和安排的基础上根据具体发生的情况进行调整。

与行为目标不同，生成目标是过程取向的。生成目标的过程取向反映了教育的过程性，因为教育本身就是一个演变过程。在此过程的任何阶段上的目标都不可能是最终目标，目标是演进的，而不是预先存在的。生成性目标要求教学过程中运用互动性教学方式，师生进行有意义的对话。

（三）“表现性目标”取向

表现性目标是指每一个学生在与具体教育情景的种种“际遇”中所产生的个性化表现。表现性目标旨在培养学生的创造性，强调学习者的个性化发展。表现性目标是教育发展的体现，是建构主义在学习中的具体体现。但是，教育的总体目标是相对统一的，差异也只是具体表现形式的差异。

二、教学目标的确定与表述

（一）教学目标的确定

对于任何教学活动，为了实现其教学目标，都要设计适当的教学活动，必须清楚每个单元，每一堂课，甚至是每一个活动的目标。要确定教学目标，首先必须明确课程目标，将教材中的单元目标与课程目标比较联系，然后根据教材的具体内容确定单元教学目标。如果教材与新课程标准的要求是一致的，那么，在确定单元教学目标和课堂教学目标时，就可以采用如下的策略：

（1）分析教材中的教学活动和认知层次；

（2）根据活动要求明确教学目标；

（3）将目标具体为行为表现。

（二）教学目标的表述

虽然我们强调采用表现性目标取向，但是就英语课程而言，每一单元的教学目标，每一堂课的教学目标还必须采用行为动词的表述方式，避免抽象概括的表述，如“理解”“掌握”等；表述要以学生的学习所得为对象，而不能以教学行为为对象，如“培养”“训练”“激发兴趣”等。

在表述教学目标时要注意教学目标的层次性。不论是阅读、听力、词汇还是语法，都包含不同等级的教学目标。建议结合布卢姆的教育目标分类学对教学目标的分类进行表述，即知识、理解、应用、分析、综合和评价。

这六种认知能力中，知识是最低认知水平，评价是最高水平（见图 3-1）。

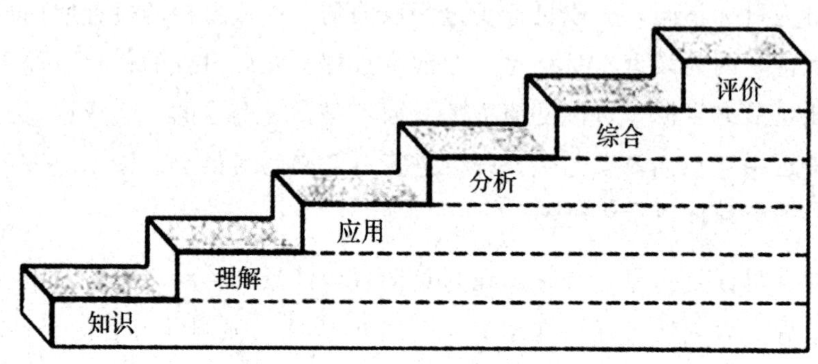

图 3-1 布卢姆教学目标阶梯

词汇、语法、策略等作为知识也表现出不同的层次。根据安德森（Lorin Anderson）的观点，知识可以分为事实性知识、概念性知识、程序性知识和元认知知识，所有这些知识都要表现记忆、理解、应用、分析、评价和创造六个层次（见表 3-1）。那么我们的词汇教学也应该包含对词汇信息、意义和功能的表述，对词汇意义的理解以及词汇的应用。

表 3-1 认知目标的两个纬度

	认知过程纬度					
知识纬度	记忆	理解	应用	分析	评价	创造
事实性知识						
概念性知识						
程序性知识						
元认知知识						

第四节　教学内容分析

一、教学内容的选择与分析

（一）教学内容的选择

教学内容的选择主要涉及两方面的问题，一是选择什么教学内容，二是选择的原则。

1. 选择什么样的内容

就课堂教学而言，每一节课都有其类型，或是听力，或是阅读，或是词汇，或是语法。教学目标不同，教材内容不同，教学内容也就不同。从课程标准的综合能力的结构模式来看，知识、技能、策略、文化和情感态度都应该是教学内容的组成部分。在知识和技能方面，同样涉及什么样的知识，什么样的技能的问题。例如，语法在课程标准中被列为知识的范畴，那么，我们要问，语法知识到底是什么知识，是结构、意义还是语用？语法的教学目标显然不是传授知识，而是培养学生运用语法传达信息、表达思想、解决问题、完成任务的能力。也就是说，语法教学不是纯知识教学，而是技能和语用教学。那么从教学内容上来讲，语法教学不仅要包含知识教学，同时还包括语用教学。

除教学中通过学习要掌握的内容以外，教学内容还包括所使用的语言材料等。例如，如果课堂教学的目标是培养学生的听力，那就要有听力材料。教材中所提供的听力材料一般情况下会作为教学的主要内容材料。但是，根据具体的需要还应该增加补充其他的相关材料，包括练习或训练材料。

2. 选择的原则

在教学内容选择方面，一般应该遵循以下原则。

首先是教学内容的基础性。所谓基础性指教学内容是对学生而言起基础作用的知识和技能，这是教学的根本，更是学生发展的基础，也因此是教学首先必须选择的内容。基本性的教学内容包括基本的词汇、基本的句法结构、基本的听说读写能力，基本的道德素养、学习策略、文化知识等。

其次是教学内容的适应性。所谓适应性，一指教学内容是否适合教学目标，二是教学内容是否适合学习者的特点，包括认知特点和年龄特点。学习者的认知特点要求教学内容不可太难，也不可太易，要符合认知发展的需求。

再次是教学内容的高频性。所谓高频性指词汇、语法、功能、技能、策略等必须是人们经常使用的内容，词汇必须是复现率比较高的词汇，而不是生僻少用的词汇或者过于专业的词汇。语法也应该是日常生活或工作中经常出现的语法，技能的选择更是如此。教学内容的选择关键是看相关的内容是否具有应用性，有多大的应用价值，而不能看当下的考试中是否会涉及。由于目前标准化测试的局限性，有些十分常用并且十分重要的内容在测试中却很少出现。

最后是教学内容的趣味性。如果材料不能激发学生的学习兴趣，也就难以保证有效教学。

（二）教学内容分析

教学内容的选择依赖教学内容的分析。教学内容的分析一般从两方面进行，一是教学内容适切性分析，二是教学内容的分解。此处介绍前者。

教学内容适切性分析主要是分析教材中的音频材料、文本材料、视频材料、图片材料是否可以作为教学的主要内容，是否是学习者熟悉的话题、感兴趣的话题，语言材料本身与学习者现有水平之间的关系如何，以及教材中的活动是否可以帮助达成教学目标。

以下面的阅读教学为例来说明。在该阅读教学中，针对课文材料，教材提供了三个活动，活动一为信息提取，要求学习者阅读判断每个俱乐部的时间、地点、活动和要求。这是具体信息辨认活动，层次比较低。活动二要求学习者阅读四个学生的表述，然后为其选择适当的俱乐部。与活动一不同，活动二要求学生真正地理解每个俱乐部的相关信息，从认知的层次上高于活动一。在理解的基础上活动三要求学习者说出自己的选择，并且说明理由，活动要求学习者应用阅读的信息。也就是说，三个活动从信息的辨认、信息的理解到信息的应用，层次逐步提高，符合认知发展的需求，同时通过阅读，学习者的理解能力不仅得到培养，同时表达能力也得到培养，符合语言学习的目标需求。那么，教材中的活动就是可用的、适合的。当然，具体到不同的班级、不同的学生，可能仍需要增补活动，保证学生的理解和应用。

活动一：

Read the following poster and tick (√) what club and mentioned.

读下面的海报，在下表勾出提及的信息

Club	Time	Place	Requirement	Activities
□English club				
□Cooking club				
□Sport club				
□Volunteer club				
□Computer club				
□Dancing club				
□Health club				

（1）Do you want to make your life easier? Health club is your best choice. Here with the help of our staff you can reduce your stress and make life easier.

Come to health club at room 301. No. 2 teaching building . and your life will become healthier and happier!

Do you want to make your own flash? Come to computer club and experience the excitement of making flash all by yourself. We are sure to bring you a different world!

Students with basic computer knowledge are welcome to join us. Please contact 8300.

（2）Do you enjoy the delicious food? Cooking club is inviting new members to experience the pleasure of cooking. Come and join us at any time. No one is ever turned away. （Health certificate is required. ）

Good food brings good life!

Come to www. cookingclub. com for more!

Do you want to gain working experience? Do you want to help others? Volunteer organization offers a chance to experience wonderful social life every Sunday afternoon. For more information. Contact 6789.

Social service. For you and me!

活动二：

Read the description of the following people. Then choose a club from about for each of them according to the statement. 根据每个人的表述从上面为他们选择合适的俱乐部。

(1) Mom is often busy. I want to learn cooking and help my mom.

Club to join ____________

(2) Winter holiday is coming! I want to do something outside school to experience a different life.

Club to join ____________

(3) I am getting fatter. I feel so sad. I have to do some exercise to make me healthy and happy.

Club to join ____________

(4) I am so interested in computer games. I would like to try all the latest computer games.

Club to join ____________

活动三：

Suppose you can choose two clubs to join, read the poster again and decide on two of the clubs. put a tick (√) under them and then give your reasons in at least two sentences. 读海报，选择参加两个俱乐部，并至少写出两句话说明加入的理由。

Basketball club

Computer club

Science club

Your reasons

____

____

____

____

____

____

____

____

____

在分析教学内容时，可以按照表 3-2 进行。

表 3-2　教学内容分析表

项目	活动	呈现	训练	应用	评价
知识层次					
理解层次					
应用层次					
分析层次					
综合层次					
评价层次					

二、教材内容的教学编排与设计

课堂上教学程序的安排决定着教材内容的使用，而教学程序的安排又受教学模式的左右。因此，在安排课堂教学程序、设计教学过程时必须注意各种教学目标对教学模式的要求，各种教学模式对教学程序的要求，以及各种教学程序对教学活动和学习材料的要求。

（一）PWP 教学模式

这是最常见的教学模式，体现了通用的教学程序，在不同的教学中有着不同的体现。阅读和听力教学中 PWP 指 pre—reading/pre—listening，while—reading/while—listening，post—reading 和 post-listening。一般来说，听力或阅读前主要是为听力和阅读活动的开展做准备，准备阶段可以是语言教学，可以是背景图式激活。语言教学包括词汇教学和语法教学，而背景图式激活包括相关话题、故事发生的背景以及策略知识的激活。这些活动可以为接下来的听力或阅读提供语言和图式方面的准备。

通过一系列的活动培养学生各种听力技能和阅读技能，是听力和阅读教学的核心部分。而听力后和阅读后则侧重听力和阅读信息的应用，以及学习策略、篇章策略的应用。

（二）PPP 教学模式

PPP 教学模式主要用于词汇和阅读教学，具体说来就是 presentation，

practice production。其中 presentation 指呈现，包括词汇的呈现和语法的呈现。呈现主要是呈现词汇的结构、信息、意义和用法，呈现语法结构、语法的功能或者说语用信息。训练阶段一为控制性练习，目的是通过控制性的训练帮助学生掌握单词和语法的结构，产出部分为应用阶段，为学生提供新的语境使学生通过应用性活动掌握单词和语法。

（三）任务型教学模式

任务型教学模式作为交际教学的发展是目前课程标准倡导的一种教学模式。与 PWP 和 PPP 模式不同，任务型教学模式的 Pre—，While—和 Post—的功能不同。Pre—task 阶段是为任务的开展做准备，包括语言上的准备。也就是说，任务型教学并不排除语言教学，只要是完成任务需要就可以开展。任务的呈现也是在 pre—task 阶段完成。任务中阶段（while—task）主要是学生合作完成任务的过程，但是任务后阶段与听后、读后阶段存在着明显的差别。听后和读后是应用，而任务后是聚焦训练。任务反思同样是在任务后开展，主要是组织学生反思自己的任务过程，反思任务完成中知识的应用、策略的应用、技能的发展等，从而为下一步的学习提供前馈。

（四）探究式教学模式

探究式教学模式是一种基于问题的教学，借鉴科学研究的方式，通过问题的设置培养学生的语言应用能力。探究式教学的教学过程一般包括问题呈现、小组合作研究问题解决方案、收集信息解决问题、呈现问题解决方式、评价几个环节。由于探究式教学需要设计集体合作解决的问题，因此，在应用课堂教学中应用范围不是很广。不过，课程标准要求各地学校根据具体情况设计探究式课程，探究式教学一定会有广阔的应用空间。

材料的使用、设计与教学目标有关，与教学过程有关。教师首先必须明确自己的课堂教学目标，选择适当的教学模式，设计合理的教学程序，然后才能根据教学的要求选择教材内容，设计教学活动。

第四章　学习动机与英语教学

很多人认为，动机是对学习影响最大的因素之一。的确如此，无论学习什么，动机都是必不可少的。比如掌握一门学科的教材与知识，需要个体的不懈努力，把这一门学科的新观念材料融合到自己的知识框架中。英国语言学家科德说过这样一句话："只要有学习动机，谁都能学会一门语言。"一方面，学习动机可以帮助个体树立正确的目标，克服学习中出现的困难，从而取得更好的成绩；另一方面学习动机还可以激发个体学习的热情，引导他们积极地参与到学习中去。因此，通过树立正确的学习动机，学习者可以变被动学习为主动学习，提高学习效率。本章介绍和阐述了学习动机的含义及特征、学习动机与英语教学的关系，并讨论了如何培养和激发学生的学习动机。

第一节　学习动机概述

一、学习动机的含义

学习动机是一个教育心理学概念，是指激励个体进行学习活动、维持已引起的学习活动，导致行为朝向一定的学习目标的一种内在过程或内部心理状态。根据加德纳（Gardner，1985）的划分，学习动机包括四方面：①学习某种语言的目标；②学习中做出的努力；③实现学习目标的愿望；④学习某种语言的热爱程度。

学习动机是影响第二语言学习和外语学习速度与成功的主要因素之一。很多研究表明，学习动机与学习成绩密切相关。学习动机一旦形成，不仅对个体所学东西有一定的指向性，比如用主动积极的态度去学习，对学习表现出浓厚的兴趣、上课能集中注意力去汲取知识等，而且也有一定的动力使学习过程中的注意状态、兴趣水平保持下去，在遇到困难时有克服困难的意志力。同时，学习动机与学习态度也是密切相关的。如果个体学习动机明确，学习态度认真，学习目的端正，那么就会积极地为自己创造良好的学习条件和氛围。学习动机是支撑外语学习的主要动力并促使学习过程持续下去。

任何影响学生学习积极性的因素，都是通过学习动机这一媒介对学习活动产生影响的。可以说，学习动机是推动学生学习的内驱力，而内驱力对学习活动推动作用的强弱，主要取决于以下两方面。

（1）学习需要性。在不同的学习需要中产生的学习动机对学习的推动作用各不相同。稳定、持久的学习动机，对学生的推动力大，一般在高层次学习需要中产生；变动、短时的学习动机，对学习的推动力小，一般在低层次学习需要中产生。

（2）各种学习动机相互影响、共同作用。由于学生的学习需要是多层次的，因此受多种学习动机的支配。一般而言，在一定时期内，多种学习动机中总有一个学习动机起主导、支配作用。各种学习动机的方向一致时，对学习的推动作用自然比单一的学习动机作用大；而各种学习动机的方向不一致时，对学习的推动作用必然减少。

二、学习动机的特点

研究表明，学习动机呈现可变性、社会性、多元化的特点。

（1）可变性。学习动机在学习过程中并非一成不变，而是随着社会环境、周围环境、个人所受教育及经历、思想、需要、兴趣、情绪及家庭等多种因素的不断变化而变化的。除此之外，学习动机本身还存在着强弱变化的现象。在学习中学习动机并非越强越好。因为学习动机如果过强，人的注意力便会高度集中，但注意的范围则相应变小，这不利于完成要求有较广泛注意范围的学习任务。另外过强的学习动机易造成心情紧张，产生焦虑情绪，影响记忆活动中的再现，反而不利于正常的学习。

（2）社会性。随着对社会认识的不断深入和社会责任感的进一步增强，越来越多的学习者能自觉地把自己当前的学习与国家建设和社会发展的需要联系起来，能充分认识自己所学的专业知识和技能在未来社会发展中的作用，从而希望自己能尽快适应社会。学习动机社会性意义日趋广泛，特别是高年级的大学生，随着他们对自己所学专业的深入了解，学习动机中的社会意义更加突出，这也成为当代大学生奋发进取、努力学习与拼搏的主要动力。

（3）多元化。多元化是指学习动机多种多样，同一个体的学习往往受多种动机支配。由于每一个体的家庭情况、接受的教育、个人所受的影响、生活经历以及对未来的打算各不相同，因而学习动机呈现出多元化的特点。有的人是为了报答父母的养育之恩；有的人是为了不辜负教师的培养和期望；有的人则是因为自己对某一学科有着浓厚的兴趣，希望自己在事业上有所成就；有的人是为将来的进步深造打基础；有的人是为了改变自己的生活现状，希望将来能谋求到一个理想的工作；有的人是为了提高自身地位，获得他人的尊重；有的人则是为了学到更多的知识和本领，将来能为国家建设和社会发展多做贡献。多种动机虽然同时存在，但在一定时期总有一个主导性动机起支配作用。

三、学习动机的分类

关于学习动机的分类，角度不同分类就不同。例如，从社会语言学的角度分析，加德纳（1972）将学习动机分为两大类。

（1）融入型动机（integrative motivation）。具有这种动机的学习者喜欢并欣赏所学的语言以及与所学语言相联系的文化，希望自己能够掌握并自由运用该语言，更希望自己能像目标语社会的一个成员，并且能被目标语社会所接受。这样的学习动机被认为是学习者内在的、更加持久的语言学习动机。

（2）工具型动机（instrumental motivation）。所谓工具型动机，是指学习者将目标语看作一种工具，希望掌握目标语后能给自己带来实惠，比如提高自己的社会地位和经济收入，能够利用这门语言找到更好的工作等。这种学习动机具有“无持久性”和“有选择性”的特点。这种动机也有一定的局限性，在一定程度上影响和束缚着学习者，从而很难达到真正意义上的语言学习效果。目前在我国的外语学习中，由于受中西方语言和文化的差异、外语教学环境以及学习方法等多种因素的影响，绝大多数外语学习者的动机为工具型动机。例如，绝大部分大学生学习英语的动机都是获得四、六级证书，有人把它称为“证书型动机”。

另外，从认知语言学的角度，学习动机同样分为两大类。

（1）内在动机（intense motivation）。这种动机是指外语学习本身能激发学习者的兴趣和愉悦。比如具有内部动机的学习者在日常生活中碰到一些人、物、事时，总会情不自禁地用英语表达出来。他们具有好奇心，喜欢挑战，能积极地参与学习过程，并能在学习过程中得到满足。他们在解决问题时具有很强的独立性。内在动机能对学习产生更积极的推动作用，因此它能使学习者保持持久的学习兴趣。

(2) 外在动机(extrinsic motivation)。外在动机是指学习外语的动因存在于学习活动本身之外，是为了得到奖赏或避免惩戒才学习外语，比如为了得到老师表扬或是为了避免批评、惩罚等。这种动机具有一定的被动性，不是学习者主动、自发想去学习某种语言，因此与内在动机相比，其持久性较短。

此外，还有成就动机(achievement motivation)。这种动机是指外语学习者愿意去学并力求学好他认为很有价值的一门外语，取得好成就，而好成就反过来又进一步强化了他的成就动机。成就动机为人类所独有，它是外语课堂学习的主要动机。成就动机主要由三种不同的内驱力构成：认知内驱力、自我提高的内驱力和附属内驱力。

认知内驱力的主要因素是好奇。因为好奇导致探究和追求环境的刺激行为是一种求知的愿望和指向学习任务的动机。这种内驱力与外语学习的目的性和认知兴趣有关。学习者在课堂上获得好成绩，而这些成功的学习经验又会使他们期望在今后的外语学习中取得更好的成绩，如此良性循环，从而得到满足。可以说这种动机等同于内部学习动机，大量实验表明这是一种在课堂外语学习中最稳定和最重要的动机。

自我提高的内驱力是指外语学习者因自身学习成绩好而受到一定奖励或赢得相应地位的需要。这种内驱力不像认知内驱力直接指向学习任务本身，而是把定的外语成就看作赢得一定地位和自尊心的根源。这种内驱力可使外语学习者把自己的行为指向当时学业可能取得的成就，又可使他们在成就基础上把自己的行为指向今后奋斗的目标。

附属内驱力是指外语学习者取得好成绩主要是为了满足教师、家长的要求，得到他们的赞许或认可。很明显这种动机等同于外部动机。

总而言之，家庭教育对外语成就动机的影响很大。一般来说，在学校里的学生其外语成就动机与外语学习动机成正比，外语成就动机强者其外语学习成绩更好。因为他们取得好成绩会感到自豪，对失败则感到羞愧；而成就动机弱者对成功不怎么感到自豪，对学习失败不感到羞愧。因此，自我提高的内驱力可称为求成欲，附属内驱力可称为满足欲。

四、影响学习动机的因素

了解影响学生学习动机的因素，有利于增强对学生学习动机的培养和激发，从而更有效地促使学生成功地学习。学生作为学习的主体，其学习动机既受学生自身内部条件的影响，也受外部环境的影响。

（一）内部条件

学习动机是学习的内部动因，是客观的学习要求在学生头脑中的反应。因此，首先要注意到的是内部条件对学习动机的影响。

（1）学生自身需要与目标结构。在现实社会中，由于每个人的生活经历、所受教育各不相同，形成了个人独特的自身需要和认知事物的方式。由此反映在学习动机上的认知和求知需要也多种多样，其强度和水平不同，反映在学习动机上的强度和水平也就不同。另外，学生的目标结构也影响学生的动机和学习。目标明确、难度中等、近期便可达到，则会加强学生的动机和学习完成任务时的持久性。在课堂上，学生们常常有两类主要的目标——以掌握所学内容为定向的掌握目标（或称为学习目标）和以成绩定向的成绩目标。对于拥有不同目标的两类学生，尼哥斯和米勒（Nicholls & Miller）把前者称为专注于任务的学习者，把后者称为专注于自我的学习者（A. E. Wool folk，1995）。两种目标指向者在归因和坚持性上也具有不同的特点，掌握目标指向者在完成活动中具有较强的坚持性，而成绩目标指向者的坚持性较差。在归因方面，掌握目标指向者倾向于将成功归因于学习方法，成绩目标指向者倾向于将成功归因于运气、能力和课题，而将失败归因于任务难度和运气。

（2）学生的性格特征和个性差异。学生自身的兴趣爱好、好奇心、意志、耐心等品质都影响着学习动机的形成。比如交往性动机对某些学生来讲可能是第一位的，但有的学生可能以得到别人尊重的威信性动机为其第一位动机。此外，成功与失败对不同学生的作用不同，反映了学生的个性差异。有的学生趋于进取，力求获得成就，有的学生则力求避免失败。

（3）学生的志向水平和价值观。因为学习动机与理想紧密相连，学生整个人生观、世界观、价值观所直接反映的理想情况或志向水平影响着学习动机的形成。一般而言，理想水平高的学生，其学习动机就强，反之则弱。

（4）学生的焦虑程度。焦虑指学生在担心不能成功完成任务时所产生的紧张、担忧、恐惧等负面心理感觉。焦虑水平不同，对学生的影响不同。大量调查表明，学生的焦虑程度过高或过低都会对完成学习任务有不良影响。中等程度的焦虑对学习是有益的。

（二）外部环境

影响学生学习动机的外部环境，包括社会舆论、家庭环境以及教师的榜样作用。

（1）社会舆论。社会条件不同，对学生的要求就不同。例如，在封建社会，读书人的学习动机是追求功名富贵；在工业社会，人们的学习动机是以劳动市场的需求来确定自己学什么专业；我国“文化大革命”期间，由于对知识和知识分子的不公正待遇，从而产生了“读书无用论”。这些都反映了社会舆论对学习动机所产生的巨大影响。但是，社会舆论一般都是通过家庭来对学生的学习动机发挥作用。如果家长教育得当，学生就对社会上的正确舆论产生积极响应，而抵制错误的舆论现象。

（2）家庭环境。家庭环境是影响学习动机的主要因素，因为家庭环境相较社会舆论范围要小很多。家庭环境是学生主要的生活范围。一直以来，国外有许多心理学家都在研究“家长的态度对学生学习成绩的影响”。美国心理学家凯尔和赫尔赛（Kahl & Halsey，1961）对两组打算上大学的男孩进行调查研究和互相比较，目的在于找出两组学生学习动机上的差异及其与父母态度的关系，结果发现父母的期望与管教对学生学习动机的形成具有相当大的影响。

（3）教师的榜样作用。大量的调查研究表明：教师在学生学习动机形成中是一个十分强有力的因素。首先，教师本身是学生学习动机的榜样。教师治学严谨、学而不厌，对自己的专业和教学具有极大的热情和兴趣，那么必然给学生留下深刻的印象。其次，教师的期望会对学生的学习动机产生不同的影响。教师对不同的学生具有不同的期望行为和期望结果，由于这些期望的不同，教师对待不同学生的方式自然就不同，而这种对待方式的不同就影响学生的自我概念、成就动机水平和抱负水平。随着时间的推移，学生的行为和成就与当初老师的期望值越来越近。于是，高期望的学生产生了高水平的动机，经过不懈的努力，取得了高水平的行为；而低期望的学生则恰恰相反。最后，教师不仅有榜样作用，他还是沟通社会、学校和家庭的纽带，是学生形成正确动机的重要一环。教师要善于把各种外部因素和学生的内部因素结合起来，促使学生形成正确的学习动机。

第二节　学习动机与英语教学的关系

学习动机是推动学生学习的一种内部驱动力，其实质上是对学习的一种需要，这种需要是社会和教育对学生学习上的客观要求在学生大脑里的反映。心理学家经过研究认为，学习动机在学习活动中的作用有四种：①引起学习；②维持学习；③强化学习；④调整学习。在英语教学实践中我们可以发现，英语学习差的学生并不是智力水平低，而是缺少兴趣和信心，或没有养成良好的学习习惯。进一步分析可以得出，这些学生在学习的过程中逐步丢失了学习动机，将自己置身于英语学习之外。

在大学，英语课程的学习是不少学生学业进取中薄弱的一环。可以说，学生对英语学习的畏难程度居于各科课程之首。因此，英语教学界和教育管理部门都采取了不少措施，从激励学生的学习动机入手，来保障英语教学效果，提高学生的英语学习成绩，从而确保学生毕业后具备一定的英语知识和能力。

英语教学界和教育管理部门采取的学习动机激励措施无外乎是融入型动机激励和工具型动机激励两类。融入型动机激励主要从学生自身事业发展和生活丰富性对知识基础的广泛性要求出发，以及全球经济一体化大趋势和中国社会经济发展对未来人才的需求，引导和激起学生对目的语社会的参与意愿和学习兴趣。但经过实践证实，在英语的实际教学过程中和学生自身英语学习的进程中，这种融入型激励往往显得流于空泛而缺乏切实的可操作性。

大部分学生认为自己毕业之后基本没有应用英语交际的必要，因此对英语的学习态度十分淡漠，有些人甚至放弃了对英语的学习，此时，工具型动机激励措施就起到了举足轻重的作用。

在如今的大学里，可以说绝大部分学校都偏重于运用工具型动机激励措施，比如英语教学将各种考试、考级、考证书作为激励大学生加强英语学习的主要手段，相关管理部门也将其作为评价英语教学水平和质量的重要标准。而这些考试、考级、考证书的集中体现就是大学生英语四、六级考试，其成为检验英语教学质量的标准，有的学校甚至与大学生毕业及学位挂钩，由此来激励学校加强英语教学，激励学生努力学习英语。

一、学习动机激励现状单一

在目前各高校教学体制的要求和国家英语四、六级考试措施的实施下，绝大部分学生进入大学学习英语就是为了完成课时学分，通过过级证书，最后确保自己大学顺利毕业，而这些很显然都是工具型动机的体现。如此，他们就具备了动机的三个要素：明确的态度、学习的愿望，为此所做出的努力，力求达到的预期目标。因此，能够肯定的是国家英语四、六级考试多年来为保障和促进英语教学发挥了关键作用。

但是，在单一学分以及考试标准等激励下学习英语，相当一部分学生的成功也只是应试教育的产物。学生迫于压力或短期功利而学习英语，一旦短期目标实现，他们对英语也就失去了兴趣，甚至会因产生抵触情绪而陷入止步不前的糟糕状况，这些正是目前英语教学应该高度重视的问题。

二、学习动机激励失衡

根据已公布的全国大学生英语四、六级考试改革后多次考试成绩统计数据来看，考生中达到 420 分合格成绩标准的只有 40%（总分 710 分计，合格成绩为 420 分）。如果四、六级证书与学位挂钩，那么这就意味着有半数以上的大学生毕业时拿不到学士学位证书。由此也可以看出，作为激励大学生外在学习动机的重大措施，英语四、六级考试受到了严峻的考验，越来越多的人质疑其存在的必要性，指责、埋怨甚至呼吁取消之声渐起。即使统计数据不是如此严酷，但从利用学习动机激励大学生学习英语这一角度看，其反映了任何单一的学习动机激励措施都不可能从根本上解决大学生英语学习的动机问题。

因此，针对当前学生英语学习的状况，我们应重新审视学生学习动机激励的问题，制订相应的方法与措施。在正确评价多年来偏重工具型动机激励的同时，重新认识与强化融入型动机的作用，使每位学生都能认识英语学习对自身、对社会的长远意义。英语教学界和教育管理部门也应多探寻带有根本性的、切实可行的学生英语学习动机激励的措施与方法。

三、复合型学习动机激励的设想

从学习动机的角度看，学生的学习行为是由他们自身学习动机的强弱支配的，是由内部的学习动机和外部的学习动机共同发生作用而促成的。从动机激励的表现形式看，内部动机主要表现为融入型动机激励，外部动机则主要是工具型动机激励。

（1）两类学习动机激励的表现形式与内在联系。加德纳动机理论的核心是融入型动机，其所对应的英语学习动力或动因是学生对目的语社会语言交际和社会生活的主动性意愿。工具型动机则更重视目的语的实用价值以及其语言优势，更多地表现为学生对于社会英语要求的适应。

就大学生个体而言，其英语学习动机往往是由两种动机类型的复合共存而构成的。

①融入型动机是学生个体的人生基本取向的体现，能持久、强烈地推动他们的学习。因为融入型动机激励一般从我国社会经济发展和全球经济一体化的大趋势对未来人才的要求，以及学生自身事业发展和生活丰富性对知识基础的广泛性要求出发，引导学生对英语社会的参与意愿和兴趣。

②工具型学习动机体现社会对学生的要求，其作用较弱，具有短暂但强迫性较强的特点。考试、考级、考证是工具型动机激励的集中表现形式，并以其强迫性督促学生强化英语学习，可收到十分直接的激励效果。但由于其激励方式的强迫性和被动性，往往令学生产生心理抵触等负面影响。

在英语教学的实际过程中，许多学生在学习中都具有深层的融入型动机，只是其所拥有的程度不同。但由于各界种种因素的影响，学生学习动机往往在表层体现为工具型动机，并发挥重要作用。王荣英（2007）认为，这其实正是两类动机激励具有内在联系的表现。学生深层的英语社会参与意愿必须借助一定的英语知识和能力予以实现，而英语成绩及英语达标、达级的水平，则是其英语知识和能力的证明。这样，“必须具备英语知识和能力”将学生深层的融入型学习动机和表层的工具型学习动机联系到一起，产生了复合激励的效果。

（2）融入型动机与工具型动机的复合型激励。英语学习动机是可以激发的。大量研究结果显示，激励学生学习动机的最重要因素就是教师自身的行为。在英语教学活动中，教师对于学生学习动机的有效激励，将会使学生产生很大的学习动力，得到良好的教学效果。因此，教师与教学管理者都必须利用各种有效的教学手段，最大限度地激发学生的学习动机。

在英语教学实践中，复合型激励方法是一个十分有效的学习动机激励系统，融入型动机激励与工具型动机激励相互渗透、相辅相成。

①融入型动机激励侧重于潜移默化、润物无声。这种动机激励往往借助于英语教学的文化熏陶、氛围感染、精神激励等产生作用。融入型动机激励要求教师在教学过程中，始终有意识地营造一种影响学生学习意愿的教学环境。即使是在设计测验、考试、评价等功利性教学环节，也仍要从其内容和形式诸方面服从于融入型动机激励的教学环境。

②工具型动机激励强调切实明确与可操作性。这种动机激励更多地体现在具体的教学环节上，以尽量适合学生实际的教学内容、进度、程度等，有步骤、循序渐进地引导和推动学生在英语学习上不断进步，既直接发挥工具型动机激励的作用，又间接增强融入型动机激励的效果。

在具体的英语教学中，这两种动机激励手段并不能分开，意思是说在同一教学过程中既要引起学生对知识的长期兴趣，调动学生的融入型学习动机，又要施以明确的标准、目的、要求、奖惩等，激发学生的工具型学习动机。二者互为表率，交叉融会，共同发挥着学习动机的激励作用。

教学活动能否有效地开展并取得显著成效的关键就是提高并保持学生的学习兴趣和积极性，充分发挥他们的主观能动性，让他们进行自主创新的学习。因此，教师在英语教学过程中不仅要重视学生的语言知识和语言技能的发展，还要关注学生情感态度的发展。显而易见，学生的学习动机正是情感态度中重要的一环。

教师在教学中应不断激发并强化学生的学习兴趣，并引导他们逐渐将兴趣转化为稳定的学习动机，以使他们树立自信心，锻炼克服困难的意志，充分认识自己的优势与不足，养成乐于与他人合作的习惯，形成和谐健康的品格。另外，要培养学生对英语学科的积极情感和正确态度，发展他们在英语学习中的动机、兴趣、自信、意志和合作精神等。

第三节　学习动机的培养

学生的英语学习动机表现为对英语学习的强烈愿望和求知欲，直接或间接地影响学生的英语学习效果。为此，如何培养和激发学生健康的英语学习动机，是提高英语教学效果的关键因素。

一、学习动机的培养

英语学习动机的培养策略有如下几点：

(1) 掌握英语教材，激发学生的学习动机。英语教材是专家编写的用来供教师和学生进行教学活动时使用的材料，具有一定的抽象性。教师要认真钻研和分析教材，挖掘出蕴藏在教材中的知识点，组织学生进行探讨活动，从而形成良好的学习氛围。同时，教师在教学过程中应以丰富、生动的教学内容，灵活多样的教学方法来吸引学生的注意力，令学生产生精神上的满足，从而达到激发学生学习动机的目的。

(2) 鼓励学生自主探索研究，保护学生学习动机。教师在课堂教学中要力求体现学生的主体地位，敢于放手让学生参与学习活动，留给学生一个自主探究的空间。要保证学生思考、探讨问题的时间，让他们自己经历发现知识、思考问题、寻找规律、概括结论、质问疑难乃至整个知识结构的建构过程。在丰富多彩的自主探究活动中，学生的生命潜能和创造精神就会得到充分的释放。

(3) 给予学生合理正确的评价，保持学习动机。教师不仅要激发学生心灵深处那种强烈的探求欲望，而且要让学生在探究活动中获得成功的情感体验。因为只有那些获得成功的学生才会保持足够的探究热情，产生更强大的内部动力以争取新的成功。苏霍姆林斯基说："在人的心灵深处，都有一种根深蒂固的需要，就是希望感到自己是一个发现者、研究者，探索者。"对于学生提出的各种探究性问题或设想，教师都应认真对待，积极引导；在探究过程中，教师的评价要以激励为主、运用多种评价策略，并以自己的语言、神态、动作等方式来激励学生，使学生保持探究热情，积极参与探究活动。

(4) 注重培养学生的成就动机，使学生的学习动力持久化。成就动机强的学生，对成功感到骄傲，对失败却不是很沮丧；而成就动机弱的人对成功没有多大的追求，却非常害怕失败，思想负担重。虽然追求成功和回避失败都能促进学生去学习，但在心理上的作用不同。追求成功使人振奋，积极进取，学习效果也好；回避失败使人焦虑压抑，消极被动，怕学厌学。在一定程度上可以说，成就动机是学生学习毅力的源泉，可以使学生的学习动力永不枯竭。同时，成就动机也是刻苦和自觉学习的动力。因此，教师应该教育学生努力提高自己的成就动机。

（5）加强小组活动，提升学习动机。学会合作与交流是现代社会所必需的技能，教师在教学中要提供探索材料，让学生有计划地组织合作探究，以形成集体探究的氛围和培养学生的合作精神，促使集体智慧高度结晶。另外，教师在教学过程中还应该提高学生学习的自觉性，增强学习的自主性。因为学生一旦形成了自觉性的学习习惯，就会迸发出极大的热情去探究知识，并在这个过程中表现出不畏困难、勇往直前的坚毅精神。

（6）培养学生正确的归因观。学生把成功和失败归因于何种因素，对以后的工作态度和生活的积极性有很大影响。美国心理学家韦纳（B. Weiner）提出，学生常常用能力、努力程度、任务的难度和运气四个因素解释学习成败的原因。学生的成功与否是激发学生良好的学习动机和兴趣的一个关键因素。因此，当学生完成某一项学习任务后，教师应指导学生进行成败归因，引导学生找出成败的真正原因。此时，有三种方法可以使用：①观察学习法，即学生观察模仿归因榜样，学会正确归因；②团队讨论法，即小组成员共同讨论学业成败的原因，由一名受过训练的教师或管理人员进行引导，指出归因误差，鼓励符合实际的归因；③强化矫正法，即教师根据学生情况，结合学科教学内容，对有归因偏差的学生进行暗示和引导，鼓励做出正确归因的学生，促使他们形成积极的归因。当学生关注自己的努力时，他将成功归因于自己付出的努力，失败归因于自己努力不够。这种归因方式对于培养学生内在动机，形成认识失败、面对失败时不会受环境影响的正确态度及形成良好的自我意识具有重要作用。而有些学生常常把自己的成功归因于自己的努力和能力，失败归因于任务的艰难和运气不佳，但对于他人的分析刚好相反。这种有偏爱情绪的归因，教师应因势利导，帮助学生进行切合实际的归因，并通过归因调整状态，确立新的目标。

（7）建立良好的课堂环境，提高学生的学习动机。教师作为课堂教学的主导，其任务是引导学生自己学习英语、研究英语，从而能够灵活运用英语。建立民主、平等、亲密的师生关系，创设和谐、宽松的课堂氛围，是学生主动探究的前提条件。鼓励学生自主探索，独立思考，发表独特见解，敢于与老师辩论，指出老师讲课中的失误及教材的不妥当之处。如此，课堂上就会呈现出一种积极向上、自然和谐的学习景象。

（8）培养学生的认识兴趣，促成学生的学习动机。所谓认识兴趣，即推动学生学习的一种内部动力。当学生对某事物具有兴趣时，这种兴趣就会驱使他积极地从事这方面的学习活动，从而获得比别人更多的知识。一般来说，认识兴趣强烈的学生在学习中常常会忘记疲劳，精神高度兴奋，思维活跃。这时，教师可以通过丰富的教学内容来培养学生的认识兴趣，并令其转化为学习动机。美国心理学家布鲁纳说过："学习的最好刺激，乃是对所学教材本身的兴趣。"学生对所学教材的内在兴趣是最大、最持久的动机。丰富教学内容的方法有如下三个：

①讲课时灵活运用教材内容。教师讲课时在思想情感上要尽量引起学生的共鸣，带着一种高涨、激动的情绪进行学习和思考，提出的问题要切合实际，深浅适度，难易得当，从而培养学生强烈的学习兴趣。

②及时补充新鲜知识。教师要特别注意选取那些当前发生的时效性较强的新知识、新信息应用到课堂教学中去，如此不仅能够满足学生的好奇心，而且更能培养他们的学习兴趣。

③丰富学生的感情材料。教师可以让学生多参加社会活动，在实践中教育自己，不断培养和强化自己的学习兴趣，并由此产生新的兴趣需要。

（9）了解和满足学生的需要，促进学习动机的产生。不同的社会和教育对学生的要求不同，因而反映在学生头脑中的学习需要也不同。学生的学习动机产生于需要，需要是学生学习积极性的源泉。学习动机的培养，是使学生从没有学习需要或很少有学习需要到产生学习需要的过程；是使学生把社会的需要和教育的客观要求变为自己内在的学习需要，把已经形成潜在的学习需要充分调动起来的过程。教师要培养学生的学习动机，就应当重视学生的需要，尤其是学生的心理需要，分析学生需要存在的问题以及合理需要是否得到应有的满足，并通过采取一些强化的训练手段使学生掌握一系列认知和行为策略，使之内化成心理需要，形成自觉性、坚定性、自制力、有恒心等学习品质。

由此可知，大学教育在满足大学生的合理需要时，要考虑选择有效的强化物来强化其学习动机，如选择学生喜欢、想得到的物品或活动等。但若教师一味以学生的喜爱作为有效强化物的标准，则会阻碍学生的发展。因此，教师要善于选择适当的强化物来满足学生的合理需要，矫正其不合理需要，促使其学习动机的产生。此外，教师可以在学生没有学习需要的情况下，引导学生把从事其他活动的动机转移到学习中来，即利用原有动机的迁移，使学生产生学习需要。

综上所述，英语学习动机是英语学习行为的直接原因和内部驱动力，是影响英语学习的重要因素。在英语教学过程中，教师应充分发挥其“中介作用”，采取有效的教学方法和策略，激发起学生英语学习的积极性，并使学生掌握学习策略、体验到学习成功的喜悦和乐趣，从而将他们引向合理的外在学习动机，不断增强内在学习动机。正确的学习动机既是掌握知识的必要条件，又是形成高尚道德品质的重要组成部分。因此，要充分调动学生的学习积极性，正确培养学生的学习动机。

二、学习动机的激发

学习动机的激发是指把已形成的潜在的学习需要充分调动起来，也就是说，要培养和调动学生学习的积极性。通过激发学习动机可以进一步培养和加强学生已有的学习动机。

(1) 更新教育观念，转变教师角色。美国人本主义心理学家罗杰斯说：“人的认知活动总是伴随着一定的情感因素，当情感因素受到压抑甚至抹杀时，人的自我创造潜能也就得不到发展和实现，而只有用真实的、对个人尊重和理解学生内心世界的态度，才能激发起学生的学习热情，增强他们的自信心。”由此可知，激发学生的学习动机，教师首先要更新教育观念，转变自身角色，采取多种教学方式来增进师生间的情感交流，采用生动形象且适合学生心理发展和个性特征的教育方式，建立良好的师生关系，激发学生高水平的求知欲，适时地对学生进行学习目的和意义的教育。

(2) 创设问题情境，实施启发式教学。启发式教学最大的特点是能够充分调动学生学习的积极性。与平时教师“嚼烂”知识“喂”给学生的做法相反，启发式教学引导学生积极思考，自己找出问题的答案并总结出结论，而启发的关键就在于创设一种问题情境。所谓问题情境，就是创设一种使学生产生疑问，并渴望得到答案，经过一定的努力能够得到解决的学习情境。这种情境是最容易激发学生求知欲并获得理想教学效果的方式之一，而能否形成问题情境，主要看学生的学习任务与已有知识经验的适合度如何。学习任务完全适合或完全不适合，均不能构成问题情境，只有在既适应义不适应的情况下，才能构成问题情境。教师如果想要创设问题情境，首先必须熟悉教材，了解新旧知识之间的内在联系。其次要求教师充分了解学生已有的认知结构状态，使新的学习内容与学生已有水平构成一个适当的跨度。最后，认知好奇心是学生内在的学习动机的核心，是一种追求外界信息、指向学习活动本身的内驱力，因此要想激发学生的认知好奇心，还需要考虑信息量的质量和大小。

（3）根据作业难度，恰当控制动机水平。美国心理学家耶克斯（Yerks）和多德森（Dodson）认为，中等程度的动机激起水平最有利于学习效果的提高。同时，他们还发现，最佳动机激起水平与任务难度密切相关：任务较容易，最佳动机激起水平较高；任务难度中等，最佳动机激起水平也适中；任务越困难，最佳动机激起水平越低。这便是有名的耶克斯—多德森定律（简称倒“U”曲线）。因此，教师在教学时要根据学习任务的不同难度，恰当控制学生学习动机的激起程度。

（4）培养学生自主学习的能力。强烈的学习动机只是学好英语的前提条件，英语学习本身是十分复杂的。学生想要真正学好英语还必须培养自己的自主学习能力。教师应该让学生在有限的课堂学习中掌握基本的语言点，然后自己在课后的操练与应用中做到举一反三，在一些交际活动中能够展示自己的英语水平和能力。

（5）充分利用反馈信息，妥善进行奖惩。从韦纳的归因理论中可以看出，教师在教学时给学生的反馈（尤其是对学生考试成绩的评定）信息会对学生的学习动机的形成产生很大的影响。教师在教学全过程中，应及时提供学习反馈，及时给学生提供学习结果，使学生及时看到自己的进步。学习结果包括让学生看到自己所学知识在实际运用中的成效，解决课题时的正确与错误，以及学习成绩的好坏。一方面学生可以根据反馈信息调整学习活动，改进学习策略；另一方面学生为了取得更好的成绩或避免再犯错误而增强了学习动机，从而保持了学习的主动性和积极性，对于学生的学业评定、学习态度主动性等教师应该及时进行评价，并且要对不同类型的学生进行中肯的、有激励性的评价，提升学生的能力水平。这就要求教师能够帮助学生建立具体的学习目标，以及在每一个阶段所要达到的学习效果，及时批改作业、写好评语，就学习结果与学生一起进行分析探讨，使学生受到鼓舞和激励。

此外，适度的表扬与奖励比批评与指责更能有效地激发学生的学习动机，因为前者能使学生获得成就感，增强自信心，而后者作用恰恰相反。为了巩固和发展学生正确的学习动机，还必须给学生以正确的评价和适当的表扬与批评。在此过程中我们应努力做到以下几点：①评价一定要做到客观、公正和及时；②表扬与批评要考虑学生个性差异的特点，从而讲究不同的方法；③使学生对评价有正确的认识和态度。尽量多鼓励，多表扬他们的进步，降低他们的焦虑，保护学生的自尊心，增强他们学习的自信心。

（6）帮助学生设立明确、适当的学习目标。学习目标是学生学习的结果，是奋斗的方向。没有目标，容易导致学习的盲目和被动，这是所有学习问题的潜在因素。因而，设立明确、适当的学习目标显得尤为重要。这样不仅使学习目标具体化，让学生知道如何去做，而且学习目标的难度也适合学生的能力，更能够激励学生的学习动机，调动学生的学习积极性。

（7）采取新颖、创新化的教学方法，激发学生学习动机。新颖的东西才能引起学生的注意和兴趣，所以教学内容和教学方法的不断更新和变化，可以使学生保持积极的学习态度。此外，采用灵活多样的教学方法也是非常重要的。教学方法是教师为完成教学任务、提高教学质量、充分调动学生学习积极性所采用的方式和手段。因此，教师应不断更新教学方法，发挥创新意识，运用发散性思维教学模式。教师可根据课堂内容的难易程度，把握学生的思想状况，以及针对学生的思维特点，运用实验法、讨论法等多种教学方法，使教学内容新颖丰富，让学生把学习变成一种愉悦的需求，激起学生的求知欲。

（8）正确指导结果归因，激发学生的学习动机。首先，就稳定性维度而言，学生将成败归因于稳定因素，如果学生对未来结果的期待与目前的结果是一致的，将会增强他们的自豪感。其次，就内在性维度而言，如果学生将成功或失败归因于自身内在的因素，如自己的能力、努力、身心状态等，学生则会产生积极的自我价值感；如果学生将成功或失败归因于个体外在因素，如任务难度、运气、外界环境等，则学习结果不会对其自我意象产生影响。最后，就可控性维度而言，如果学生把成功或失败归因于可控因素，学生会对自己充满信心或产生一种内疚感；反之，如果学生把成功或失败归因于不可控因素，则会产生感激心情或仇视报复情绪。由此，在学生完成某一学习任务后，教师应指导学生进行成败归因。一方面，要引导学生找出成功或失败的真正原因；另一方面，教师也应根据每个学生以往成绩的优劣进行归因。

（9）对学生进行竞争教育，适当开展学习竞争，激励学生的进取精神。竞争是激发学生学习动机和提高学生学习成绩的一种有效手段。通过竞争活动，可以令学生的成就动机更加强烈，学习兴趣和学习毅力也会有所增加。但为了保证竞争对激发学习动机能够产生积极作用，应注意以下几点：

①在多种竞争形式中以团体竞赛为主，团体竞赛不仅可以增强学生的协作精神，而且还有利于团体精神的培养。

②竞争内容与指标需多样化，用以培养学生广泛的兴趣，使每个学生都有展现自己才能的机会。按学生的能力等级进行多指标竞争，让每个学生都有获胜的机会。

③竞赛活动要适量。竞赛本身在一定程度上会给学生带来情绪上的紧张感，产生一定的心理压力。因此，竞赛不应过于频繁，且题目应该难度适中。

（10）构建健康向上的校园文化。所谓校园文化，是指学校中的主体在学校生活中所形成的具有独特凝聚力的学校面貌、制度规范和学校精神气氛等。为了激发学生学习英语的动机，学校管理部门应在学校面貌和学校精神氛围上注入英语的气息，让学生处处都能感受学好英语的重要性。欧洲现代第一所新式学校的创办人雷迪说：“学校不应该成为一块人工造成的地方，专靠书本做媒介，而不与生活相通连。”不难想象，有时学生对英语学习缺乏动机和兴趣，在很大程度上是他们无法感受到学习英语的紧迫性。尽管中国加入世界贸易组织（WTO）和经济的飞速发展已使英语的工具性和重要性日益突出，但这些对于尚未真正接触社会的大学生来说是无法体会的，而仅仅只是靠老师家长的说教是十分苍白无力的。因此，学校的相关部门一定要在校园文化上下功夫，让学生每时每刻都能想起和接触英语，让他们在潜移默化中激起一种学习英语的欲望。例如，可以在教室里张贴英语手抄报，在走廊两边悬挂宣传画，在走廊里展示学生作品、英文报纸等。有的学校别出心裁，在一幢大楼的每一级楼梯上都写有一句英语谚语或警句，给人耳目一新的感觉。此外，学校也可以利用学校广播播放一些英语新闻与歌曲，让学生在休息与活动中感受到英语的学习氛围。虽然这些都只是一种环境文化，但它也是一种潜在课程，暗含着许多教育意义。另外，学校也可以在观念文化和制度文化上对英语给予一定的关心与重视，这对学生学习动机的形成和保持也是大有裨益的。

第五章　英语教学模式

随着现代教育技术的广泛运用和英语教学改革的不断深入，基于课堂教学的英语教学模式已经发生了巨大的改变。传统教室没有的教学设备已经把教室逐渐“武装”起来，信息技术充斥着教与学的每一个角落，这种结合是现代教育发展的必然结果，也是英语教育发展的必然结果。本章我们来探讨几种比较常见的英语教学模式。

第一节　交际型教学模式

所谓交际型教学模式，即建立在课堂互动交流基础之上的教学模式，它综合运用各种教学元素，如教师、学生、课堂、场景等，通过师生交流、互动活动、互换角色以及范围更广的交际来进行教学。西方学者在二语习得研究中取得的新成果及新思想指出，语言和文化的内在关联属性决定了语言教学在一定层面上就是文化教学；同时强调语言学习的最高目标是为交际服务，以适应和满足跨文化交际的需要。因此，英语教学改革与转型的表现之一便是由传统的英语教学模式转向交际型的英语教学模式。

一、交际型教学模式的理论基础

20 世纪以来，英语教学模式一直是以教师为中心，以讲解分析语言知识点作为最普遍的标准教学方法。这一传统教学模式是建立在瑞士语言学家索绪尔（Ferdinand de Saussure）的“结构主义语言学”理论基础之上的。在这一理论中，语言被看成一个完整封闭的符号系统，人们注重分析语言结构，强调语言形式，而语言的意义及其社会交际功能却被完全忽视了。

之后，美国语言学家海姆斯（D. H. Hymes）的“交际能力”理论对传统英语教学模式给予了极大的冲击。海姆斯提出的语言交际能力具有语法性、可行性、得体性和现实性的特征，这其中除语法性属于语言能力之外，其他三种特征均涉及语用能力，它将语言能力与语用能力结合起来。因此，人们开始逐渐认识语言学习离不开一定的文化语境，学生不但要习得语言本身，还要习得使用语言的规则，而这种交际中语言使用的规则涉及交际主体国家的交往互动，强调个人自身所取得的经验并非来自外部传授，这就对以往传统的教学模式提出了质疑与挑战。

美国语言学家萨丕尔（Sapir，1921）指出，语言脱离其根植的文化后便无法存在，王丽梅（2009）认为，“交际的成功不仅需要学生掌握足够的语言知识，也需要学生了解目的语国家的文化背景，还要了解文化方面的可接受性和不可接受性”。

文化的可接受性和不可接受性，即涉及不同文化背景的人们因不同的行为规范、思维模式、价值取向及语用迁移而造成交际中的文化接纳和冲突。对此，英语教学的最新理念是把跨文化交际能力作为英语教学的最终目的，以避免文化冲突的发生。

二、交际型教学模式的优势

交际型教学模式是一种多极主体间的认知交往活动。在语用交际活动中，师生之间、学生之间、师生或学生在不同场景中发生着频繁而密切的联系。交际型教学模式使教学过程发挥更大的功效，比传统的讲授式教学模式具有更多的优势，主要表现在以下三个方面。

（1）学生主动学习。交际型教学模式鼓励学生主动参与教学而不是被动接受教学。学生通过参与教学活动，能主动发现自身和教学中的问题并及时反馈，之后与教师交流解决问题。例如，学生通过团队合作、小组发言、角色扮演、课堂讨论和个人陈述等方式多方面参与教学活动，改变了课堂完全由教师控制的单一局面，学生不再只是被动听讲。这样学生在主动学习的过程中能够得到认可、鼓励和赞扬，有了成就感之后，学习热情自然会被激发，学习兴趣和积极性就会被调动起来。

（2）以书本理论转化为学生的交际能力为导向。英语教学的目的是为了实际的交流和应用。然而在传统教学模式下，教师总是抽象地强调理论联系实际，为讲清某一理论观点而举几个具体事例作为证明。这与身临其境的角色扮演、来自实际的案例分析以及学生通过彼此讨论交流，从实际中反思总结出的理论升华相差甚远。交际型教学模式注重将具体、广泛、深入的理论联系实际并转化为学生的交际能力，它以培养学生的交际能力和解决实际问题的能力为目标，使英语教学具有应用价值。

(3) 学习效果更佳。传统教学模式下的教学信息基本是由教师到学生的单向传递。而在交际型教学模式下，这种单向交流变成了语用情景中师生之间和学生之间的多向互动。学生通过分享课堂教学内容及控制教学进程，能够在与实际密切相连且充满趣味性的场景中更加生动、真实、标准地运用语言，既实现了学即所需又体现了自我价值。这必然会从整体上提升英语教学的质量和学生的学习效果。

三、交际型教学模式中的问题及对策

(一) 教师方面的问题与对策

交际型教学模式要求英语教师要具有丰富的语言文化知识、较强的语言比较研究能力和课堂掌控力，然而教学实践反映出英语教学中的文化教学并不尽如人意。有学者认为造成这一现状的原因，是由于目前中国的绝大多数英语教师仍然是由本土传统英语教学模式培养起来的，亲身体验和深入异域文化的教师少之又少，他们对于外国文化的了解也仅凭书本、影像等媒介。此外，受现行教育体制的影响，外语教师教学水平的衡量在很大程度上仍取决于学生英语四、六级考试的通过率，这使教师不得不在课堂上以要求学生掌握大量语言知识点为主要目标，而忽略文化知识的导入。

由此可知，交际型英语教学模式要求英语教师改变固有观念、提高自身能力，从根本上强化对跨文化交际教学法的准确认识。在教学实践中，教师应该对固有的角色进行重新认识和定位，最好能以多重角色进行课堂教学，发挥不同于以往的作用。其具体做法有如下几方面。

(1) 教师要充分发挥想象力和创造力，密切结合实际场景，合理设计课堂教学程序，科学分配教与学的时间和比例，在限定的课时内顺利完成教学任务，有效组织课堂内的多种语用交际活动。

(2) 教师要最大限度地发挥组织协调作用。张雪冰 (2011) 认为，在课堂上组织什么样的活动，运用什么样的方法展开，达到什么样的教学目的等，这些都要求教师精心组织。可以说，课堂内活动能否按教学计划进行，学生反应是否积极，能否融入教学并成为教学主体之一，在很大程度上取决于教师的组织能力。因此，教师要按照教学内容和教学目的使课堂教学紧凑有序，达到最佳的教学效果和水平状态，为挖掘学生交际能力提供前提和保障。

（3）教师最好成为具有创新意义的合作者。小组辩论、讨论、扮演角色等与实际密切相连、形式新颖多样的课堂活动，可以激发学生学习英语的兴趣。在学生实践上述活动的同时，教师也要广泛、积极地参加学生的活动，不仅仅只是起到鼓动、指导和旁观的作用。

（4）改变课堂上单一的讲授方式。为给学生在英语学习过程中指点迷津，扫清障碍，教师不能只靠讲授这一途径，而要为学生创造各种条件，激发学生的内在学习动机，使他们通过语言的实际应用来学习语言，解决实际问题，锻炼交际能力。

（二）学生方面的问题与对策

根据对非英语专业学生英语学习的动机及课下自学状况的调查，结果发现：89％的学生学习英语是为了通过四、六级考试。同时，大部分学生表示不会在课余时间练习英语和学习英语国家文化知识。另外，有学者对大学生跨文化交际能力的自我评估也做了调查，结果显示很多学生对自己的跨文化交际能力持否定态度，其中一部分原因归结于怕犯错误，另一部分原因是内向自卑心理。上述两个调查反映出学生的英语学习中存在两个问题：其一是学习英语的动机单一且具有功利性，学生本身的动力不足并且自觉性差，使得英语文化教学的阻碍加大；其二是学生在面对英语交流时态度并不积极乐观，自身情感的焦虑和自卑心理阻碍了他们的跨文化交流。

针对上述问题，要想真正实现跨文化交际模式下的英语教学，就必须让学生了解英语学习的真正目的是提高其文化素养，并掌握一种跨文化交际技能，此外还要帮助学生建立一种积极的跨文化交际态度。目前，很多高校都采取了充分利用外籍教师来达到跨文化交流的目的，这一方法的弊端是学生在与外籍教师交流时仍有一定程度的隔阂，最好的方法是创造条件使学生与本校留学生交流，这样的收效会更大。

（三）教材方面的问题与对策

在一定程度上，英语教材的文化含量直接决定着课堂上文化导入的多少与深浅。从跨文化英语教学的视角出发，有学者对高等教育英语教材做了调研，结果发现教材内容和练习设计均缺乏与跨文化情景的结合，远离跨文化交际实践的需要。针对这一现状，现今英语教材如何改革以及如何利用便成为高等学校英语教学界比较关注的问题。其建议有如下几点：

（1）教材要确保其内容能呈现跨文化交际的特性，引入多元文化内涵，注重学生跨文化交际意识和实践能力的培养。

（2）英语教师和英语教研小组可定期组织编撰有关文化和跨文化类的电子报刊，在校园内面向所有学生发行或发放至学校论坛，以帮助学生扩充跨文化交际知识。

（3）鼓励教师自编讲义授课。需要明确的一点是，靠教材的改革来推动英语教学改革仅是一个起点，如何创造性地利用和补充教材才是重点。

总之，目前的交际型教学模式仍处于探索、实践和发展阶段，以上所考虑的问题和面临的改革都只是其中的一个方面。外语教学的目标是帮助学生获得语言交际技能和自主学习能力。交际型英语教学模式基于这一目标，通过课堂内外多角度的多元文化导入，在教学实践的过程中十分重视学生的情感因素，培养学生的文化敏感性和感知力，最终使学生拥有一种辩证的文化意识和对待文化差异的独立判断能力，成功实现跨文化交流。

第二节　“输入—输出”教学模式

“输入—输出”教学模式的提出是为了培养适应国际经济发展和对外交流需要的跨世纪英语人才，教学过程更符合英语学习的客观规律和学科特点，完善科学的教学大纲，培养学生学习英语的能力和建构英语思维的技能。

一、“输入—输出”教学模式的理论基础

“输入—输出”教学模式是以克拉申的“输入假设”和斯温（Swain）的“输出假设”，语言同化与建构理论以及语言习得理论为理论基础的。

（一）“输入假设”和“输出假设”

美国著名的应用语言学家克拉申认为，“可理解输入”是第二语言习得的

唯一途径，并提出理想语言输入应当符合 i+1 公式。这一公式的含义为：i 为现有水平，1 为略高于 i 的水平。教学的主要任务是提供充足的可理解输入，其中包括学生已经掌握的语言知识 i，又包括新的语言知识 1。而 i 和 i+1 之间的差距是学生学习的动力所在。语言输入材料的难度要稍高于学生现有的水平 i，即 i+1，学生为了懂得新输入的话言材料，会求助于以前的知识经验或利用语境、上下文等进行判断。通过努力，学生理解了语言输入中“难以理解的成分”，从而使语言习得取得进步。

斯温提出了“可理解输出”假设。他认为，语言学习过程中应强调语言输出的重要性。输出不仅可以提高语言的流利性，而且还具有使学生集中注意力、进行假设验证和自觉反思等调整自己学习策略的功能，从而提高使用语言的准确性。说和听同属一个语篇层次，写和读同属另一个语篇层次，其中说和写是输出形式，其特点可用“生产性”来表述。他认为，说和写的语言产出性运用有助于学生检验语句结构和词语使用，促进语言运用的自动化，有效地达到语言习得的目的。

（二）语言同化与建构理论

（1）语言同化理论。所谓“同化”，即接纳、吸收和合并为自身的一部分。同化理论的核心是相互作用观。奥苏伯尔（D. P. AuSubel）的同化理论强调，新知识的获得主要依赖认知结构中原有的适当观念，新旧观念相互作用的结果导致有潜在意义的观念转化为实际的心理意义，与此同时，原有认知结构也发生变化，这种变化既有质变又有量变。奥苏伯尔强调必须通过新旧知识的相互作用来实现新知识意义的同化，进而形成更为高度整合的认知结构。

（2）语言建构理论。熊英（2004）认为，社会建构主义教育理论的要义，就是知识是由个人建构的，而不是从外部注入的。这种建构发生在与他人交往的环境中，是社会互动的结果。社会建构主义对语言教学具有特殊意义。因为对别的学科来说，语言只是一个学习的工具；但对语言学习来说，语言不仅是工具也是学习的目的。作为学习工具，语言习得本身就是一种社会建构过程，它既有建构的特征，又有社会的属性。但作为学习的目的，学习语言就是建构个人知识，因为知识的基础就是语言，知识的心理与外部表征都是以语言为媒介。所以，语言学习不仅仅是学习语言，更重要的是发现它的社会交往价值。

因此，有效的教育实践是建立在学生主动理解的基础上，教师作为中介者，应为学生提供富有个人意义的学习经验和学习机会，由学生自己建构知识，并由此学会学习，学会独立思考和独立解决问题，从而为终身教育打下基础。

（三）语言习得理论

美国语言学家克拉申在20世纪70年代提出的语言习得理论认为，人们掌握一种语言的方式主要有两个：一个是“习得”，另外一个是“学习”。所谓“习得”，是指学生通过与外界的交际实践，无意识地吸收到该种语言，并在无意识的情况下正确、流利地使用该语言；而“学习”是指有意识地研究且以理智的方式来理解某种语言（一般指第二语言）的过程：克拉申的监控假说认为，通过“习得”掌握某种语言的人，能够轻松流利地使用该语言进行交流；而通过“学习”掌握某种语言的人只能运用该语言的规则进行语言的监控。

二、“输入—输出”教学模式的教学策略

为了提高课堂教学效率和质量，在英语教学模式改革中，必须根据所确定的教学原则，采取相应的教学策略，优化课堂教学过程。

（1）教师指导学生学会学习，体验“习得”。在培养学生英语思维能力的过程中，教的同时还要对学生进行指导，即教师在教授知识的同时，要指导学生学会学习，体验“习得”，强调给学生的信息输入，引导学生操练语言输出，培养学生英语思维的能力。例如：

①教师在课前有效指导预习，保证课堂效率。

②教师在讲课时把几个单元的课文当作一个整体，讲解时进行重新组合排列使学生感受整体的语言情境，要求学生讨论、对话、叙述、表演，在创造的语言情境中掌握语法。

③课后，教师可以要求学生听原声带，复现、体会课堂所学知识。还可以要求学生上网查询相关资料，完成课后的书面写作。

④学生可以将文章写在作业本上，也可以写成电子稿通过网络发给教师。教师针对文章进行批改和指导，也可以让学生互相批改，还可以通过软件批改文章。

（2）引导学生在课堂上完成知识联网，丰富和完善学生的英语认知网络。学生层次不同，教师要有不同的方法帮助他们联网。比如，A层次的学生以自

学为主，如讨论式、质疑式学习；对于B层次的学生，教师要有计划地帮助他们“滚雪球”，逐步积累，要特别注意“温故而知新”。这样的方式给每个学生都创造了参与的机会，学生的讨论、对话、表演要大量运用学过的词汇、句型，促使新旧知识自然相联，达到积累、巩固的目的。

（3）课外学习的管理策略。教师可以推荐一些外文原版名著，让学生自读，并且鼓励学生与外国学生结交“笔友”。此外，还可以加强英语学习与现实生活的联系，经常摘录一些英文杂志的内容给学生阅读，鼓励学生收看英文电视节目，努力使学生的学习与获取日常生活中的各种信息结合起来。

三、“输入—输出”教学模式中的问题

与传统教学模式相比，“输入—输出”教学模式有一定的优势，但也有自身的问题：

（1）在实际操作上，语言的输入与输出仍存在不均衡状态。很多学生在学习的过程中依然存在这样的问题：只是停留在对知识点掌握的层面，比如只是单纯地去记忆语法、单词、句型，不能很好地把所学到的知识变成技能。熊英（2004）认为，造成这种现状的原因有两个：

①从深度上讲，学生所掌握的知识点不够，没有达到量的累积，也就很难达到质的飞跃。

②从广度上讲，缺乏从知识点向技能转换的环节。学生需要完成听、读这两个输入环节，但听和读的量仍然不够，并且对于说、写这两个输出环节把握得不够，无法顺利地完成由听、读向说、写的转换。

为解决这一问题，最有效的办法就是让学生在听、读两个先行环节中大量汲取知识，同时以说、写为主体，逐渐提高交际能力。

（2）“输入—输出”教学模式的应用，有可能造成学生两极分化的现象。这就要求教师必须关注差等生的学习，积极采取措施帮助他们，避免让这部分学生掉队。

“输入—输出”教学模式是在大规模实施计算机辅助英语教学的初级阶段提出的，它既是一种大胆假设也是一次勇敢尝试，而对于该模式下教学活动的具体设计和操作更是有待细化和研究的重要问题。任何一种教学模式都有自身的优点和不足，只有汲取各家之长才能找到适合自己的教学模式。

第三节　分级教学模式

英语分级教学模式，本着因材施教、提高教学效果的原则，根据学生个体实际英语水平及其接受英语知识的潜能，将学生划分为不同层次，在此基础上确定不同的培养目标，制定不同的教学目标、教学方案、教学计划、学生管理制度等，采用不同的教学方法进行教学活动，在讲课、辅导、练习、测验和评估等方面充分体现出层次性。总之，分级教学的最终目的是让学生在各自不同的起点上分别得到进步和发展。

一、分级教学模式的理论基础

分级教学是以克拉申 i＋1 语言输入假设理论、学习迁移理论和布鲁姆的掌握学习理论为理论基础的，下面具体讲述这三个理论的内容。

（一）克拉申 i＋1 语言输入假设理论

美国著名的应用语言学家克拉申提出的“输入假设”理论为英语分级教学提供了理论支持。i＋1 语言输入假设理论与分级教学的相关性有以下两方面。

（1）从课程理论角度来看，i＋1 理论注重学习的结果和目标的达成，集中反映了循序渐进的观点，即强调学习的步骤、方法和过程。i＋1 理论不仅注重知识的获得，而且特别强调学生获得知识的方法，这正是英语分级教学的精髓和理论基础。

（2）从教学实践来看，分级教学就是针对学生不同的语言技能、认知风格、动机、态度和性格等个体差异施行不同的教学目标、教学要求、教学方法和教学评价。这与 i＋1 理论的内涵是一致的。

（二）学习迁移理论

所谓学习迁移，即一种学习中习得的经验对其他学习的影响。其本质是原有的知识在新的学习情景中的运用，但凡一种学习对另一种学习能够起促进作用的，都称为正迁移；但凡一种学习对另一种学习起干扰或抑制作用的，都称作负迁移。众多理论学家针对学习迁移的问题提出了不同的看法，从而形成了各种各样的学习迁移理论，其中的“认知结构说”从心理学角度阐明了我国英语分级教学的必要性。

（1）认知结构迁移理论的内容。认知结构迁移理论是奥苏伯尔根据他的“有意义接受学习理论”发展而来的。奥苏伯尔认为，认知结构就是学生头脑内的知识结构。认知结构变量就是学生需要应用他原有知识来同化新知识时，他原有认知结构的内容方面的特征和组织方面的特征。奥苏伯尔提出了影响新知识学习与保持的三个认知结构变量，通过操纵与改变这三个认知结构变量可以进行新的学习与迁移。

（2）认知结构迁移理论对英语分级教学的启示。奥苏伯尔的认知迁移理论从心理学角度为我国英语分级教学提供了理论依据。学生对原有知识的理解、巩固度和对知识的可辨别性越高，越能使认知结构具有系统、清晰和稳定的特点，这有利于学习的正迁移。因此，把对原有知识掌握水平相当的学生安排在一起组织教学，合理安排适合学生学习能力的教学内容，能够促进学习的正迁移，使学生的学习顺利进行，教学才会取得好的效果。

（三）布鲁姆的掌握学习理论

美国心理学家布鲁姆（B. S. Bloom）在掌握学习理论中指出，许多学生在学习中未能取得优异成绩，其原因不是学生智慧欠缺，而是由于没有设施完备的教学条件和合理的帮助造成的。如果提供适当、合理的学习条件，绝大部分学生在学习速度、学习能力、进一步学习动机等方面都会变得十分相似。实施分级教学确保我们采用多样化、个性化的教学手段，最大限度地挖掘学生的潜能。由此可以看出，现代心理学研究结果也为分级教学提供了理论依据。

二、分级教学模式的原则

教学原则是根据教育目的和教学过程的客观规律制定的，是教学中必须遵循的基本要求和指导思想。分级教学是“循序渐进原则”和“因材施教原则”在教学中的具体运用，是顺利完成教学任务的重要保证。

（一）循序渐进原则

循序渐进原则是由宋朝朱熹总结得出的，在《朱子大全·读书之要》中记载了他的读书方法在于“循序而渐进，熟读而精思”“未得乎前，则不敢求其后，未通乎此，则不敢志乎彼”。循序渐进的原则是指教师在传授各门学科的基础知识时，既要按照各门学科知识体系的内在规律和顺序进行系统的教学，又要采取相应年龄阶段的学生能够接受的形式进行教学。分级教学使教师得以在学生英语知识体系的基础上进行教学，采取适合他们的教学方法。教师的教学方法得当，才能使学生在学习上循序渐进，逐步提高语言知识和技能水平。

（二）因材施教原则

因材施教原则是指教师要从学生的实际出发，“有的放矢”地进行教育。孔子是因材施教的首创者，他指出：“柴也愚，参也鲁，师也辟，由也啭。”而在具体教学中因材而教之。朱熹概括为“孔子教人，各因其材”，由此产生了因材施教的说法。由于教育、环境、学生本身实践等方面的不同，学生之间必然存在差异性，因此我们在教学的时候必须充分考虑这种差异性，一定要具体情况具体分析。

随着大学教育的普及，越来越多的学生有机会进入高等院校继续学习，但一个不能忽视的事实是学生的英语水平参差不齐。如果把英语水平悬殊的学生安排在同一班级，教师难以根据学生的特点和个性进行因材施教，很容易出现成绩好的学生“吃不饱”，成绩差的学生“吃不消”的尴尬教学局面，结果是“教师白费力，学生不受益”。而分级教学从学生的实际情况出发，承认个体差异，为每个学生的充分发展提供条件。

三、分级教学模式的实施

分级教学模式的实施，可以从以下几方面着手。

（1）合理、科学地分级。分级教学是按照不同的级别制定不同的教学目标，不要求所有的学生达到同一目标。因此，级别设置的科学与否，是分级教学能否最终实现教学效果的前提。为了做到统一考核分级的科学性，我们需要有科学的分级试题和分级标准。分级试题应以《英语课程教学要求》规定的各级词汇量为基础，设题要有层次，基本要求题和较高要求题均要涉及，同时逐年积累多套成熟的分级试题。分级标准应采取个人意愿与统一考核分级相结合、实际水平与考试结果相结合的原则。另外，为了调动学生的积极学习情感，将学生分为 A、B 级两级班比较合理。利用周末的时间给 B 级班中基础较差的学生补课，由此可缓解基础差的学生的心理压力，不少 B 级班学生中的差生增强了学好英语的信心，到了期末能和A级班的学生在同一起跑线上竞争。

（2）提高分级的区分度。很多高校分级分数线的设定都根据高考成绩和摸底考试的分数来分级，但每次分级后，有些学生往往因为一分之差没有进入A级班，这一分的差距的确难以说明英语水平的高低。因此，为了提高区分度，可以让学生自己参与分级，实行双向选择。其具体方法依然是参考高考和摸底测试的成绩，同时公布各个级别的不同起点、听说读写各方面的学习要求和最终目标，学生可以根据自己的学习兴趣申请对应级别，由学校最终审定。学生最清楚自己的英语水平和学习兴趣，他们由被动选班变为自主择级，必然能增强学习英语的积极性和自觉性。

（3）贯彻好升降级调整机制。升降级调整机制是指根据选拔和自愿的原则，在一定范围内定期调整学生的级别，使学生的级别随学习的兴趣、成绩以及能力的变化而变化。落后者降档，能给予适当的压力；进步者升级，能给予一定的激励，有助于提高学生学习的积极性和主动性。

（4）制定科学的评价标准。为了检测教学效果，在分级教学模式下，各级别一般采用不同难度的试卷，这就很容易造成一种不良现象：英语水平高的学生英语成绩竟然低于部分水平低的学生。针对这一现象，可以在分级教学的考核管理上增加平时表现在总评成绩中所占的比重，加强试卷命题的科学性，最后利用形成性评价与总结性评价相结合的方式来确定最终成绩。此外，还可以根据各级别试卷的难度引入加权算法，设定一个科学的系数，整体调整A级班或者B级班学生的分数。

（5）尽量避免负面影响。作为改革中的新事物，分级教学在组织和管理方面存在着一些固有的缺陷，如学生容易产生心理波动、集体归属感不强、组织管理的操作过程过于复杂、学生考勤难以控制等问题，这些问题必然会影响分级教学的效果。因此，教育管理者需要制定相应的规范制度，大力发扬分级教学的优势，尽量避免其带来的负面影响。

四、分级教学模式的优点

分级教学是我国英语教学改革的一项重大举措，其施行的优点有如下几方面。

（1）有利于贯彻落实《英语课程教学基本要求》，培养学生实际使用英语进行交际的能力，使他们在涉外交际的日常活动中能进行简单的口头和书面的信息交流，以满足我国经济发展和国际交流的需要。

(2) 能够满足不同层次英语水平学生的求知需要，为他们搭建更好展示自己英语才华的平台，充分发挥他们各自的优势，顺利完成英语基础阶段的学习，全面提高他们运用语言的能力。

(3) 分级教学从根本上改变了重“教”轻“学”的现象，充分体现了“以学为本”的教学新理念，从而使英语教学从耗时低效进入省时高效的新时期，标志着我国英语教学从传统的教学模式向现代教学模式的转变。

五、分级教学下的学习焦虑问题

分级教学打破了传统以专业为基础的行政班级教学模式，导致学生之间陌生感和交流障碍的激增；同时，分级教学的升降级制度又会使部分学生承受更大的心理压力。由此可见，分级教学所引入的竞争机制使各个层次学生出现了或多或少、或长期或短期的心理压力和焦虑情绪。

(一) 学习焦虑的表现

学习焦虑是一种特定情景下的焦虑，是学生因英语学习过程的独特性而产生的一种“与课堂语言学习相关的自我意识、信仰、情感和行为的情结”。根据霍维茨（Horwitz，1986）等对外语学习焦虑的研究，外语学习焦虑大体表现为以下三种形式：

(1) 交际畏惧。交际畏惧是指学生对真实的或预期的交际活动所产生的恐惧或焦虑心理，典型的行为模式是交际回避和退缩。

(2) 考试焦虑。考试焦虑主要源于对考试失败的恐惧，是学生因担心在考试中发挥不好可能带来的种种不良后果而导致的恐惧心理。

(3) 负评价恐惧。负评价恐惧更多地表现为一种预期心理，它是学生因他人可能会对自己做出负面评价而产生的畏惧感和沮丧的心理。

(二) 学习焦虑的根源

分级教学是对传统英语教学方式的一次革命，其核心是竞争机制的引入。因此，分级教学会导致学生学习过程中新焦虑源的产生。

(1) 学生在开始学习英语之前首先面临的就是分级考试，面对这样一种区分英语水平高低的考试，学生会承受一定程度的考试焦虑。

（2）对于很多学生而言，分级教学会使原本在其他课程上和自己水平相当甚至不如自己的学生进入更高级别的英语班级学习，以往只在一个自然班级内部存在的某一门学科学习水平的差异，会因分级教学而扩大到整个学院乃至整个学校，他们会因此而承受着“自己不如别人”甚至“别人可能会看不起自己”的负评价恐惧心理压力。

（3）分级教学模式下，学生除了要面临伴随着期末考试而来的升级或者降级的压力，还要去适应流动的班级同学、不同的授课教师以及不同教学风格的变化。

（4）分级教学会使一些学生提前修满学分并根据个人兴趣选修一些课程，从而在更高层次上提高自己的英语水平，这一机制的调整会在学生之间造成心理上的不平衡。

（5）课堂活动形式、教师的教学观念和方法、师生之间的交流、教师纠正错误的方式等外部因素同样会导致学生语言学习焦虑的产生。

（6）学生自尊心的强弱、对竞争的适应力、对学习过程中模糊现象的宽容度等因素都会引起学生在语言学过程中产生焦虑的心理。

（三）学习焦虑对分级教学的启示

焦虑是英语学习过程中不可避免的一种情感因素，在英语分级教学过程中，教学管理人员和教师要针对不同层次学生焦虑的具体原因，采取相应措施，最大限度地降低学生的焦虑情绪。

（1）在分级教学之初，教师首先应该让学生充分了解与认识对于实施英语分级教学的必要性以及已经取得的教学效果。当学生对这种教学模式有了充分的了解之后，就不会对这种新的教学模式产生排斥心理。

（2）教学管理人员在实施分级教学时要坚持“两头小，中间大”的原则。“两头小”是指分入较高级和较低级班级的学生的比例要小。“中间大”是指进入中间级别班级的学生比例最大。

（3）在分级教学过程中，授课教师对学生焦虑心理的关注、理解与及时疏导将有利于减少焦虑，提高教学效果。构建融洽的师生关系、增进师生间的情感交流和相互理解是降低学生英语学习焦虑的有效途径。

总而言之，教学管理者在分级教学中的各种减压措施，都有利于学生降低并逐渐克服分级教学后的焦虑心理，从而更加充分地发挥分级教学的优势。

第四节　网络教学模式

随着计算机网络技术在英语教学中应用的不断深入和扩展，网络教学模式在具体操作的过程中积累了各种经验和教训，而这些都促进了对网络英语教学理论和实践的深入探讨和研究，从而有助于解决当前实践中的问题，也为今后的发展指明了方向。

一、网络教学模式的定义

要明确网络教学模式的定义，首先要搞清楚模式和教学模式的定义。模式是依据一定的理论基础表征现实活动和过程的一种模型或形式。代表某种对象活动结构或过程的范型（钟志贤，2006），因而既有某种对象活动结构或过程（即所谓的表象），也有内涵（理论基础），其本质是理论和实践所构成的某种概括模型。而所谓的教学模式，是指在学习环境设计理论与实践框架指导下，为达成一定的教学目标而构建的教学活动结构和教学方式（钟志贤，2006）。根据以上两个概念，张红玲等（2010）对网络教学模式做了如下定义：网络教学模式是在一定教学思想和教学理论指导下，依托计算机网络技术，为达成一定的教学目标而构建起来的较为稳定的教学结构框架和教学方式。

二、网络教学模式的理论基础

任何教学模式的建构都必须依据一定的教学理念和理论，网络教学模式也不例外。

（一）语言监控理论

随着网络技术和资源辅助英语学习的趋向越来越明显，研究者们纷纷从不同角度来研究和探讨网络技术对英语学习辅助作用的理论基础，其中克拉申的第二语言习得理论中的语言监控理论是研究使用网络技术辅助英语学习必须依据的原理之一。

语言监控理论认为，在第二语言习得中，习得比学习更重要。为了能够习得语言，必须具备两个条件：一是能够理解的语言材料应该是“i+1”，即学生在现有的语言水平基础上略提高一步的输入，且输入应该能被学生所理解；二是心理障碍应该小，这样才能使输入易于吸收。克拉申认为，第二语言习得有两方面的途径：一方面是学生把注意力有意识地集中在目的语的形式特征上，即“有意识地学习”，另一方面是学生运用下意识的过程，在运用目的语进行真正的交际时，注重的是意义而不是语言形式，即“潜意识的习得”。习得是主要过程，学习只是以“监控者”的身份运用自己学到的语言对所说的话起一种监控和修正作用。

克拉申的第二语言习得理论中的语言监控理论所强调的输入语、习得、降低情感障碍的思想对于第二语言习得研究者有很大的启发。因此，把克拉申的语言监控理论运用于英语网络教学，探讨语言监控理论与英语网络教学之间的关系，以及基于此理论指导下的网络教学模式应该怎样进行，是非常有必要的。

（二）输入假设理论

克拉申认为大量的语言输入是语言习得机制发挥作用的必要条件。同时，他强调这种语言输入必须是有效的。有效的语言输入应具有以下特点：可理解性、趣味性、非语法程序安排、足够的输入量。此外，他认为语言输入全部是习得者能够很容易理解的材料，也是不可取的，这将无法起到激发学生兴趣和动机的作用。克拉申指出：“为使语言习得者从一个阶段进入到另一个更高的阶段，所提供的语言输入中必须包括一部分下一阶段的语言结构。”这样，学生可根据自己的水平通过不断的努力以及吸收所接触的语言材料，逐步提高其使用目的语的技能。

克拉申特别强调，语言习得是通过理解信息，即通过接收“理解性输入”而产生的。这就是说学生一定要能够理解输入的语言材料，这些材料不能过于复杂，否则学生就会把注意力集中在语言的形式上，而无法集中在语言交流的意义上。一旦学生将他们的主要注意力放在理解语言的结构和复杂的概念上，语言输入就在一定程度上失去了其真正的目的。

网络教学模式是在现阶段我国英语学生语言输入环境不足的情况下诞生的，反映了学生的需求。相对于传统课堂而言，网络技术提供的巨大资源库和与教学软件相关的各种链接极大地弥补和扩充了传统课本在内容和形式方面的不足，为学生提供了广阔的学习空间，增加了学生的语言输入。

（三）建构主义教学理论

20世纪60年代，瑞士学者皮亚杰（J. Piaget）提出建构主义这一概念。它属于认知心理学派中的一个分支。对于建构主义教学观而言，其与传统教学观的根本区别是对知识和教学主体作用的不同看法。传统观点认为，教育的目的是把前人所获得的知识传递给学生，学生是知识的被动接受者；建构主义则认为学习是以自身已有的知识和经验为基础的建构活动，每一项新的学习活动都与学生已有的知识和经验直接相关。建构主义理论倡导的学习不是由教师将知识传递给学生，而是由学生自己建构知识的过程。学习不是被动接受信息刺激，而是主动地参与新信息的认识与理解的过程。

从上述理论可以看出，建构主义教学理论注重以原有的经验、心理结构为基础来建构知识，突出强调学习的主动性、社会性和情景性。杜秀莲（2011）认为，学生要成为意义的主动建构者，就要在建构意义的过程中用探索、发现等多种方法主动去搜集并分析相关的资料和信息，要把当前学习内容所反映的事物和自己业已知道的事物相联系。

教学理念和教学理论是网络教学模式的灵魂，也是构建网络教学模式的基石所在。但历史发展的实践过程和逻辑论证都表明，没有哪一种教学理念或理论是完全正确的，每种理论都有优点和不足，因而都有其适用的领域。因此，我们在确定网络教学模式的理论指导之前，首先要正确理解各种思想理论的优点和不足以及适用的教学环境，然后根据自身的教学条件做出合理的选择。

三、网络教学模式的分类

基于不同的分类标准出现了不同的网络教学模式的分类。每一种分类都有其依据和特点，这里以网络英语教学模式的教育学基础为出发点，以我国教育技术专家祝智庭教授提出的信息技术环境下教学模式类型为参考来探讨网络外语教学模式的分类。

（一）网络自主接受模式

网络自主接受模式一般由三种要素构成：学生个体；学习内容，指的是网络课件，通过网络传输的、由计算机作为媒介呈现的图文、声像等语言材料内容；学习指导者，指的是计算机和教师。

网络自主接受模式所传递的主要是客观类的知识和技能，训练主要以选择、填空、拖动配对等具有明确答案形式的问题为主。通过设定计算机的识别和反馈程序，可以自动批改和矫正学生的错误并提供解答。另外，还可以设定计算机程序，使之自动探测学生的学习背景和学习风格等，然后提供适合的学习材料和学习路径等，这里我们可以把计算机称为“智能导师”，因为它实际上扮演了教师的角色。而对于学生在学习过程中遇到的各种问题，尤其是一些个性化的难题，以及人际情感沟通方面的问题，则需要教师通过网络交流工具如学习论坛来帮助学生解决。

（二）网络自主探索模式

网络自主探索模式的一般构成要素：①学生个人；②任务/问题；③参考资源；④教学指导者。

在这一模式中，学习的主要目标是提升学生的语言应用能力，以完成某一具体完整的语言任务或针对某些问题阐明自己的观点作为学习的主要内容。在整个学习过程中，一方面学生可以参阅网络资源或图书列表，另一方面教师会通过电子邮件、论坛等交流工具检查并督促学生的进度，指导学生自己解决遇到的问题，并给予必要的评价和总结。

（三）网络集体传递模式

网络集体传递模式的一般构成要素：①学生群体；②学习资源；③教学指导者。这一模式一般有两种教学过程。其一是完全虚拟的网络课堂，教师和全体学生在约定的时间登录属于他们的网络“班级”，教师在虚拟的网络课堂上讲解新课学习内容，组织练习、讨论等活动，对于学生的提问给予必要的反馈指导；其二是自学加集体指导型，学生选择自己方便的时间自主观看教师布置的学习资源，比如一些多媒体课件，然后教师通过网络实时教学系统为学生提供集体指导、讲解和答疑。

（四）网络协作探究模式

网络协作探究模式的一般构成要素包括以下几方面。

（1）学生小组。在小组中，学生扮演的角色是进行小组自主分工、制订协作计划、定期自查、完成计划、总结发言并提交作品。

（2）任务/项目。这是网络协作探究模式的核心要素，主要教学理念是让学生通过使用目标语言合作，完成较为复杂的项目或任务，提高自身的语言综合应用能力和团队协作能力。

（3）参考资源。

（4）教学指导者。这里的教学指导者即教师；在项目或任务的完成过程中教师给予必要的引导。

这种教学模式的宗旨就是构建一个虚拟的真实任务情境，帮助学生在这个情境中通过使用目标语言来提高外语水平。任务/项目的选择视学生的兴趣和掌握语言程度而定，如果学生小组的语言应用水平比较低，那么在设计任务/项目时也要与学生的语言能力水平相适应，不能差之太远。

第五节　线上线下混合教学模式

“十三五”对我国的教育信息化进行了明确规划，出现了线上线下的一系列先进教学模式。学校应遵循现代信息技术与英语教学相融合的理念，构建线上教学环境为主体，创建英语基础知识学习、英语口语技能训练、学生自主学习能力发展的三维一体的线上线下教学模式，建立适应互联网时代特点的英语特色教学模式。

一、线上线下混合教学模式的含义

混合式教学是将在线教学和传统教学的优势结合起来的一种“线上”+“线下”的教学。通过两种教学组织形式的有机结合，可以把学习者的学习由浅到深地引向深度学习。线上线下相结合的混合式教学模式可解决英语课程课堂上人数多、学生学习英语积极性低、学习效率低及教师教学任务重等问题。

二、英语课程线上线下相结合的混合式教学模式设计

英语课程的混合式教学模式设计可分为线上学习阶段、线上任务执行阶段、线下任务复习阶段以及线下测试阶段四部分。

（一）线上学习阶段

本阶段英语教师主要活动是课程教学设计和准备视频资料，学生在课前需

要按照教师给出的课前任务进行视频学习，小组讨论和交流；通过人工智能技术为学生提供一些有用的视频资料；建立语料库，把学习资料分为教材资料与补充资料两部分，其中包括教师教案、PPT课件、补充材料、相关参考书章节以及电影、歌曲资源等。教师应根据不同学生的英语水平上传难易不同的学习资料。利用信息技术，人工智能发送与教学主题相关、学生感兴趣、与学生专业相关易接受的课件资料，真正实现英语个性化学习。

（二）线上任务执行阶段

本阶段英语教师可以通过教学情境的设定布置相关任务，引导学生完成任务。同时，学生需要根据题目进行讨论交流，制作该任务计划，实施任务并进行项目的总结反馈，这一阶段是学生完成知识学习并内化的过程。

（三）线下任务阶段

本阶段教师要完成与下学期进行衔接的工作。教师要总结上学期的课堂教学情况补充一些教学内容，如制作线下补充视频。学生需与小组其他成员一起对课堂任务进行线下的讨论与反馈。

（四）线下测试阶段

本阶段教师应准备测试内容，考查线下学生的实际学习状况，总结线上的学习效果，学生则需认真完成测试，在教师的指导下找出自己的不足。

借助现代化的信息技术，将“线上”与“线下”的英语教学有机结合，学生们可通过课前的“线上”自学，由教师指导或小组合作进行课堂展示，在“线下”开展课内的学习讨论，进而促进学生独立思考与创新学习的能力。不同水平的学生，可依据自身的学习习惯安排进度，教师的任务是教会学生如何学习知识并构建知识，从而使课堂教学更具有生动性、创新性。英语教师采用现代化信息技术开创的混合式教学，使传统的英语课堂教学更具活力。

三、多元融合线上线下混合教学模式构建

多元融合的线上线下混合教学模式构建，主要通过线上线下、课堂内外、课前课中课后多方面、多角度、多层次地进行系统设计，如图5-1所示。整体设计充分体现线上线下的优势组合，展现课堂内外的充分融合，强调通过课前、课中和课后三个环节实现知识的不断深化，以望能够挖掘学生的创新能

力，促进学生的知识与应用转化，培养和提升学生高级思维能力。

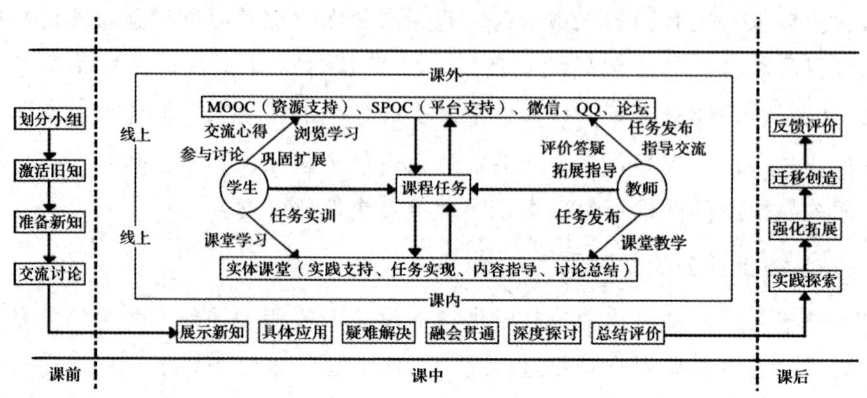

图 5-1　多元融合的线上线下混合教学模式构建图

（一）教学前期准备

课程开始之前，要对学情进行充分的调查了解，重点根据学习者的特征，制定预期的教学目标、设定教学内容，并标记重点难点和解决方式，并思考合适的教学组织方式、教学过程设计以及教学评价等内容。只有把前期分析工作做好，才能顺利实施多元融合的线上线下混合教学在实践中的应用。

（二）教学资源准备

教学资源包括线上资源和线下资源。

线上资源：可借助 SPOC 平台资源，MOOC 资源和其他网络准备。SPOC 平台资源包括课程内容视频、电子课件、补充材料、测验内容、在线讨论等，充分发挥利用 SPOC 的实际教学效能。另外甄选优质 MOOC 资源和其他网络资源推荐给学生，例如精品三维模型下载网站、影视和建模工具插件汉化网站、网络课程网站等。另外也可借助微信公共平台发布其他相关的专业知识和资料。学生通过深入思考获得的知识或技能，能够收获更多，有助于学生的理解、巩固和拓展。以此在教学设计中，可以加入一些回顾性问题、思考性问题和总结性问题，并引导学生通过借助线上资源寻求答案。

线下资源：主要是课堂资源，包括预设问题、引导材料、项目案例、辅助资源等。

（三）教学活动设计

整个教学活动设计包括课前导学、课中研学和课后促学三个环节。

环节一、课前导学

课前导学主要借助网络途径，包括划分小组、激活旧知、展示新知和交流讨论四个阶段。

划分小组：本教学模式设计中强调学生之间的团队协作能力和角色扮演能力。要求学生在学习共同体中一起解决问题，在划分小组时，尽量考虑由不同学习能力、不同思维风格和不同认知方式等不同特点的个体组成，互补协作，充分发挥个体优势，从不同的视角来看待，提升分析问题、解决问题的能力。设计不同工作情境，团队合作可以帮助学生体会项目流程中不同角色或工作组的任务内容，增加学生的工作角色体验，提升学生的实践能力。

激活旧知：激活学生原有相关的旧知识，教师发布新内容需要已有的知识点列表，可以给出一些回顾性问题和思考性问题，引导学生进行旧知识的回忆和巩固，弄清和新知识的联系。可以根据需要，由教师推荐一些资料和资源，帮助学生完成该过程。

展示新知：教师展示新知识点，提出任务要求，注意广度和复杂度要低于课堂任务内容，是课堂任务的预热部分。首先，教师对新知识进行概要介绍，给出任务内容，通过音视频、图片、PPT、文字等资料，给出相关学习资料，引导学生进行思考，并查阅相关资料，指导学生进行在线学习或线下学习。

交流讨论：通过该过程，教师可以掌握学生旧知识的准备情况。同时注意学生的线上学习情况，包括观看微视频、参与测验、提出问题和讨论等情况，总结新知初步学习情况。教师对学生的认知习惯、状态和深度有了一定的了解，同时在掌握教学资源的使用和课程内容前后联系的基础上，对下一个环节的教学进行预设。

环节二、课中研学

课中研学主要借助实体课堂完成，包括展示新知、实践应用、疑难解决、融会贯通、深度探讨和课堂评价六个阶段。

展示新知：教师对新知识进行说明，并借助图片、音视频等资源进行展示，是对课堂导学中新知识的强化或加深。

实践应用：通过案例掌握知识，将知识转换为技能，新旧知识进行融合。首先，教师总结前期准备情况，对遗留问题进行解答。然后，教师布置任务，给出实际项目模拟任务内容，引导学生画出知识结构图，提示相关技术和方法，强调、讲解要点。教师结合类似案例，对新知识的应用进行讲解演示，帮助学生掌握工作处理流程，明确团队分组任务内容，完善知识和所需相关技术、方法，强调重点，讲解实现思路。接下来进入学生实践环节，引导学生思考具体的解决方法，并以分组协作的方式进行实践验证，通过实践领悟、体会，建构新知识。

疑难解决：解决实践过程出现的问题。共性难点统一讲解，个性化问题单独指导。

融会贯通：知识内化，深化理解。教师小结前面实践情况，布置类似任务内容，学生思考、自主讨论设定解决方案，教师协助学生团队完成，加深学生关键问题的理解。

深度探讨：知识纵向深化应用。教师在前面任务基础上，布置拓展部分，提出前期问题不足之处，给出假设，进行思维引导，激发学生探究意识，学生讨论、假设、实践并寻求结果。通过该阶段的强化训练，提升学生解决复杂问题的能力，为知识的迁移应用和创作做准备。

课堂评价：对完成内容进行评价、总结，方式包括讨论、互评、竞赛等，检验课堂学习效果，及时反馈。学生对整个课堂教学内容进行的评价、学生对任务完成度和协作度进行的自我总结评价、学生之间对协作完成度的互评、教师对整个教学进行评价。另外，教师需要结合教学过程和课堂作品对学生进行课堂评价。

环节三、课后促学

课后促学主要借助网络手段完成，包括实践探索、强化拓展、迁移创造、线上评价四个阶段。

实践探索：教师引导学生对课堂内容进行深度思考，寻求探索任务，可推荐相关学习资源帮助学生完成思考以及寻求相关答案。

强化拓展：学生根据探索情况，能够在前期工作基础上，自主、独立完成拓展任务部分。此部分需要学生自主学习完成一部分新知识，是对前面知识的进一步纵向深化。

迁移创造：充分发挥学生的创造性思维，注重将学习者的不同想法变成现实，强调知识的横向深化。

线上评价：充分发挥平台的作用，学生总结个人学习情况，例如明确学习目标，温习重点、难点，理清已经掌握的部分、需要进一步训练的部分和未掌握的部分，思考自身的特点和在团队该过程完成中起到的作用，学习习惯的优缺点，知识或者思考面的宽度等；教师回顾整体教学情况，总结、反思课前、课中和课后三个环节中的经验和存在的一些需要改进的问题，为后续教学的开展奠定基础。另外教师充分发挥平台的大数据优势，对学生线上学习情况进行评价，给出线上评价分数。

第六章　英语学习方式

随着大学英语教学改革的推进，大学英语教学已经从注重培养学生的读写能力向英语语言综合运用能力转变。传统教学的结果是让英语学习者陷入“哑巴英语”的困境，这不符合当今时代的要求。在教学改革的背景下，大学英语学习方式也要有所改变。以前的英语学习大都是接受学习，而现在的教学理念需要学生在学习中占主体地位，而不是被动地接受知识。在这种形势下，自主学习、合作学习和探究学习的理念应运而生。本章就具体谈谈教学改革背景下的大学英语学习方式。

第一节　自主学习

在当前的知识经济和互联网时代，知识的重要性显得尤为突出，并且知识更新日益迅速，这就对人们的学习能力提出了巨大挑战。如果人们不能开发自己的学习潜能，便会被社会所淘汰。因此，终身学习这个理念引起了人们的重视，要想实现终身学习，必须具有独立自主的学习能力。与此同时，英语教学也应该致力培养有自主学习能力的学习者。

一、自主学习的内涵及特征

（一）自主学习的内涵

国外许多教育家都对自主学习做过研究，1981 年，霍莱茨（Hole，1981）出版著作《自主性与外语学习》，指出自主学习就是“能负责自己学习的能力”，并进一步解释负责自己的学习就是确定学习目标、确定学习内容、选择学习方法和技巧、监控学习过程、评价学习结果。他认为，这种自主学习能力是要通过自然途径或专门学习才能获得。迪金森（Dickinson，1995）这样定义自主学习：自主学习就是成功地掌握了学习态度和学习能力，学习态度就是在学习过程中负有决策的责任，学习能力就是学习过程中做决定和反思的能力。美国心理学家齐莫曼（Zim Merman）也做了自主学习的研究，他提出自主学习者必须在元认知、学习动机和学习行为三方面都是积极的，元认知是对学习的计划、监控、评价和调节，而学习动机是一种学习的欲望，学习行为则是学生创造条件展开真实的学习活动。国内的学者也对自主学习进行了研究。庞维国认为，自主学习是建立在自我意识发展基础上的“能学”；建立在学生具有内在动机基础上的“想学”；建立在学生掌握了学习策略上的“会学”；建立在意志努力上的“坚持学”。

综合以上定义不难看出，自主学习的本质包含如下：第一，自主学习包括是对整个学习活动的预想、规划和组织；第二，自主学习还应包括对学习过程的监视和控制；第三，自主学习也包括对学习活动进行自我检查、自我评价以及根据反馈信息调节学习活动。

（二）自主学习的特征

1. 自主计划

自主计划是在学习之前发生的，为接下来的学习活动所做的准备工作。在这个阶段，学习者需要了解学习内容，选择学习策略。具体来讲，自主计划包括先行组织、集中注意、选择注意和自我管理。先行组织就是在自己原有知识的基础上预习即将要学习的新资料，了解大意和相关概念；集中注意力是指始终将注意力集中在所要学习的资料上；选择注意就是注意学习过程中的特定方面而忽视其他方面；自我管理是创造条件促使学习任务的完成。

2. 自主监控

自主监控，简单来讲，即对整个学习过程的检查、调整和确认。这既包括监控自己听到的、看到的、理解到的知识信息，也包括对学习计划、学习方法和策略的监控。对学习计划的监控是指监控计划的科学性以及时间分配的合理性；对学习方法和策略的监控只涉及方法、策略的选择是否恰当。

3. 自主评价

自主评价发生在学习活动的最后阶段，是对自己学习任务的完成情况进行的分析、判断。它包括对计划和时间分配的合理性、知识信息的获得、策略的运用等进行评价。自主评价有利于学习者反思学习过程中遇到的问题，总结经验教训以便对下一次的学习进行指导。

二、自主学习的理论基础

国内外的教育专家之所以大力提倡自主学习，是因为它有稳固的理论基础。认知学习理论、建构主义学习理论、人本主义学习理论以及社会语言学是自主学习的四大理论基础。

（一）认知学习理论

现代认知学习理论包括布鲁纳（Bruner）的认知发现说、奥苏伯尔（Ausubel）的认知同化说及加涅（Gagne）的信息加工说。认知发现说主张学习每门学科的内在结构，并且这种学习需要经历获得、转化和评价三个阶段，它同时强调利用头脑中的已有经验主动学习新的结构性知识；认知同化说指出，已有的认知结构对于新知识的学习是一种必要条件，学习就是将新旧知识建立联系的同化过程；信息加工说指出，学习就是对知识进行编码加工的过程。

（二）建构主义学习理论

建构主义学习理论的本质是学习是学习者在新信息的刺激下，对已有知识的重组和调整，以及对新知识形成有意义的解释和理解，从而建构新的知识结构。并且它认为，知识并不是对客观世界的绝对客观反应，它只是人们对世界的看法和理解，是相对可信但不是永恒不变的真理，因此知识会随着社会文明的进步有所调整。

（三）人本主义学习理论

人本主义学习理论是以人本主义心理学为基础，其代表人物马斯洛（Maslow）和罗杰斯（Rogers）。人本主义学习理论认为学习不仅是认知的学习，而且是经验的学习；认知学习是无意义学习，经验学习是有意义学习；学习最终导致个体在智力、情感、态度、人格和行为等方面发生稳定的变化。总之，人本主义学习理论包括如下几方面：①学习是个体的全身心的投入，重视知识和情感的作用；②学习是自我管理、无教师指导的，即自己发现、自己理解并且自己评价；③学习是在无威胁的环境中进行的，教师应尽量给学生创设舒适轻松的学习环境。

（四）社会语言学

社会语言学兴起于20世纪60年代的美国，它包括两个领域，即社会领域和语言领域。海姆斯（Hymes）认为，社会语言学的研究目标既有社会的又有语言的，它是探讨语言在社会范围中的广泛使用的理论。杨永林则认为，社会语言学包括语言结构和社会语境这两个研究主题，主要探讨语言和社会之间的关系，也就是将语言结构放到社会这个背景下去分析研究。

三、自主学习能力的影响因素

（一）自我效能感

自我效能感是个体对自己是否能完成某目标的自信程度。它对自主学习能力的影响主要有以下几方面：①影响学生选择学习任务。一般来说，学生会选择跟自己能力匹配或相当的任务，由于个体的自我效能感高低不同，所以选择的任务不同。②影响学生制定学习目标。自我效能感与学习目标的选择是正相关的。③影响个体在遇到学习困难时的耐受力。自我效能感越强，越能直接面对困难并坚持适应困难。④影响学习策略的选择。自我效能感越高，越能合理地运用元认知策略。

（二）学习动机

学习动机是激发和维持某一学习行为的驱动力。学习动机和自主学习是呈正相关的，学习动机越强，就越能激发自主学习，它为自主学习提供动力和方向。而学习动机是一种内在心理过程，是无法观察到的，因此具有隐蔽性，但仍然可以通过学习的外在表现，如学习态度、学习时间等推断其强弱。

（三）归因

归因是个体对自己成败原因的解释。归因对自主学习的影响不可忽视。把学业失败归因于内在稳定的因素，会降低其自主学习性；而把学业失败归因于可控制的因素，就会提高其自主学习性。

（四）学习策略

学习策略是指为了实现学习目的而采用的学习规则和手段，其对自主学习有一定程度的影响。选择了合适的学习策略，就等于选择了较大的成功概率，而成功的次数越多，自主学习的可能性也就越大。不仅如此，学习策略还可以使学习者在学习过程中更加轻松，因为一旦对规则和手段更熟悉，做某事就更加得心应手。

（五）社会环境

影响自主学习的社会环境包括教师和同伴，这两者都是影响自主学习的外在因素，然而二者对学生个体的自主学习有着广泛而深远的影响。

1. 教师

教师的教学模式、管理方式、指导方式都影响着学生的自主学习。通常情况下，以学生为中心的教学模式，较能使学生发挥主动性，也就能提高学生的自主学习能力。再者，如果教师采取民主、自由的管理模式，也能提高学生的自主学习能力。另外，教师在学生的学习过程中给予的指导也是自主学习能力很大的影响因素，如果教师在需要时提供心理上、技术上的指导，而不是处处控制干预，那么学生的自主学习能力也会有所提高。

2. 同伴

首先，个体对自主学习能力的评估会受到同伴学习结果的影响，因为个体会把学习进行相互比较。其次，在培养能力方面，榜样的力量是相当强大的，个体可以在观察、模仿和内化的过程中不断提升自己的自主学习能力。最后，同伴之间的人际交往也影响自主学习能力。一般来讲，在关系亲近、氛围轻松、团结友好的人际关系中，个体较能通过互相帮助提高自己的自主学习能力。

四、自主学习能力的培养

（一）提升自我效能感

自我效能感影响着自主学习，那如何提高自我效能感以促进自主学习能力的提升呢？这就需要学生在语言学习方面不断进步以便获得持续的成功。学生可以制定阶梯式的学习目标，先完成简单的目标以建立信心，然后再慢慢地增大任务难度，并且这种难度是可以通过自己的努力达到的，这样自己就会在不断地尝试成功当中提升自我效能感，形成“学习成功—自我效能感提升—学习成功—自我效能感提升”的良性循环。

（二）增强学习动机

学习动机可分为内部动机和外部动机，内部动机与爱好倾向、成就感等有关，而外部动机与学习行为是否满足外在要求有联系。所以要想增强学习动机，一方面，学生在英语学习中要注意培养兴趣，并让自己尽可能多地体验英语学习带来的成就感；另一方面，当自己达成了学习目标之后，要给予一定的外在奖励作为鼓励，也就是给予正强化。

（三）正确归因

归因方式对自主学习有着不可忽视的影响。美国心理学家韦纳（Weiner）

认为，成败的原因有六种，分别是能力、努力、任务难度、运气、身心状况、其他人或事的影响。他进而从三个维度对这六个因素进行了划分：内部与外部、稳定与不稳定、可控与不可控。其中，能力和任务难度是稳定的，努力是可控的。当学生将失败归因为不稳定、不可控的因素，他就不会丧失希望，进而加强自主学习不断提升自己；而当学生将成功归因为稳定的、可控的因素，他就认为是自己能力强并且努力到位，持续的尝试成功的欲望就不会消失，因而也会加强自主学习。

（四）训练学习策略

学习策略也会对自主学习有一定的影响。良好的学习策略会减少学生在学习过程中的挫折和不知所措的感觉，使其提高学习效率并保持较高的学习情绪，这对自主学习大有裨益。学习策略训练包含如下方面：首先，教师应该亲自示范学习策略，并让学生对它的运用理解透彻；其次，教师要布置学习策略的操作案例，让学生课外练习巩固；再次，还要将学习策略进行班级性的讨论，另外，教师应该在课堂上选择合适的教学内容，然后将学习策略渗透其中；最后，让学生围绕该学习策略设计相关的课堂活动。

（五）优化社会环境

社会环境包括教师和学生两方面。教师要不断地制造让学生成功的机会并适当地给予正强化，以提升学生的自我效能感和学习动机。同时，教师要引导学生进行合理的归因，让学生拥有希望，可以通过劝说的方式去引导。教师还要向学生传授学习策略，因为学习策略也是自主学习能力的一种体现。另外，教师要创设自由轻松的氛围，并且投入自己的热情，提升人格魅力，让学生对自己心悦诚服，进而加强自主学习。学生必须和同学建立良好的伙伴关系，以便在自主学习方面获得更多的社会支持。

第二节　合作学习

教学改革背景下，大学英语注重培养学生的英语交际应用能力，而合作学习就是需要小组成员之间的交流配合，因此它的存在是必然而合理的。它是一种群体共同学习的方式，是团体精神在学习领域的体现，并且在某种情境下，它比个人独自学习更有效。

一、合作学习的定义及基本要素

（一）合作学习的定义

所谓合作，是指个人与个人或者群体与群体之间基于一个相同的目标而采取的群体规范，共同行动、积极配合的方式。因此，合作学习就可以这样来定义：它是以一个学习目标为导向，以生生、师生、师师之间的协作为基本动力，以小组为表现形式，以小组成员之间的学习活动为主体，以团体总成绩为评估依据的一种学习方式。

（二）合作学习的基本要素

合作学习的要素归纳起来有三点：①小组活动。没有小组活动就没有合作学习。小组活动，是指小组有明确的学习活动时间、明确的学习活动目标、明确的学习活动任务、各个组员间的明确分工、真实详尽的学习活动反馈。②相互支持。组员间的利益是联系在一起的，每个成员的学习行为都会对整个小组的学习造成不可忽视的影响，因此组员之间必须在心理、资源等方面相互支持，才能使整个小组的利益最大化。③组员间的人际交往技能。良好的小组氛围影响着学习目标的实现，因此组员应该掌握一定的人际交往技能，以便创设良好的氛围。这就要求组员之间彼此信任、积极沟通以及正确地处理冲突，这些都是人际交往技能的表现。

二、合作学习的理论基础

（一）动力理论

动力理论是由格式塔心理学提出的。动力理论将合作小组看成一个动力整体，这个小组的统一目标能够带给组员一定的学习动力。组员的利益是连在一起的，并且组间的竞争也有利于组员提高为共同利益而奋斗、对抗竞争对手的意识。组员之间的学习行为也是相互影响的，主要表现在组员的努力程度和学习状态受其他组员的影响，因此只有每个成员都将自己的能力和努力发挥到最佳，才能最大限度地实现学习目标。

（二）选择理论

美国心理学家威廉·哥拉斯创造了选择理论。他认为人的一生有多种需要，如合作的需要、归属的需要、与人分享的需要、爱的需要以及关心他人的需要，人们会尽量去满足它们。而合作学习正好满足了这些需要，因为成功的合作学习在某种程度上会使人获得归属感、爱以及分享的喜悦感。需要的满足才能带来幸福的、有质量的生活。

三、合作学习的基本模式

（一）分组

合作学习的第一步是将学生进行分组，这里涉及几个原则：第一，教师必须决定小组规模。可根据学习活动的时间、学习材料的多少来决定小组规模；第二，最好将能力不同的学生分到一组，能力不同的学生在一起可以促进学习，以保证各个小组的能力水平相当；第三，将学习风格不同的学生放到一组，研究表明，不同学习风格的学生在一起，有助于学习效果的提升；第四，组员的选择应由教师来定，而不能自由选择，因为自由选择的小组会做较多与学习无关的事情。

（二）任务分配

分组结束后，紧接着就是分配任务。分配任务是合作学习过程中很重要的一个步骤，任务分配的明确与否影响着合作学习的成功与否，进而影响合作学习的评价。教师应以清晰详细的方式告知各个小组的任务，解释完成任务的规则和步骤，规定所需要的时间，然后向学生提一些和任务相关的具体问题，以检查学生是否真正理解了各自的任务。这些都是教师作为合作学习的引导者的体现。

（三）过程管理

学生开始合作学习的同时，教师也有自己的工作，那就是对整个过程进行监督管理。教师要观察学生的表现并不时地给予提示，也可以用提问来检查学生的表现。教师在必要时应向学生提供帮助，解答学生的问题，让他们在学习过程中少走弯路，从而提高学习效率。对于学习中遇到的每个问题，组员应该先做深入思考，然后再和其他组员讨论交流，教师应该尽量保证让学生做到这一点。

（四）效果评价

在合作学习的最后，还要进行学习效果评价。要注意把学习过程和学习结果结合起来进行评价，把小组集体和小组个人结合起来进行评价。小组集体评价的目的是使组员明白合作学习是培养学生的团队精神，个人的成功依赖集体的成功。尽管如此，也不能忽视对小组个人的评价，否则会使学生丧失学习的积极性。

四、合作学习的效益

（一）批判性思维

批判性思维已经被许多教育家提倡为高等教育的重要目标之一，由此可见，它对大学生的意义之大。因为批判性思维具有开放性和分析性的特点，而合作学习过程中的互动、讨论等环节，就鼓励了学生将不同观点、不同思路开放性地表达出来以供组员思考分析。选择了正确的学习方法，对批判性思维的发展更具有重要意义。研究表明，小组讨论这种学习方法比学习内容更有利于促进批判性思维的发展。

（二）积极的人际关系

为了提高合作学习的效果，小组成员必须增强信任感，减小心理防御。并且提供高效的支持，如资源和信息等，还要能接受别人的质疑，在遇到分歧的时候，不是回避而是平等地交流讨论，这样有利于拉近彼此的关系。另外，在相互评价时，还要能提供积极的反馈以便组员在未来做得更好。最后，相互激励也是很重要的一环，因为被鼓励、被尊重能增强学习欲望。合作学习的效果良好，必然有着积极的人际关系；反过来，积极的人际关系也会带来良好的学习效果。因此，学习效果和人际关系是相辅相成的。

（三）健康的心理

除了合作精神，良好有效的合作学习不仅可以提高组员对人的情绪或者对所处的情景的敏感度和观察力，而且能形成较高的自尊心。在相互联系的社会网络中，合作精神、观察力和自尊心都是维持心理健康的重要因素。因此，合作学习有助于维持健康的心理，健康的心理可以增强人体免疫力、提升幸福感，因此它是相当重要的。

第三节　探究学习

一、探究学习的含义及特征

（一）探究学习的含义

20世纪50年代，美国教育学家施瓦布（Schwab）提出了探究学习的理念。他认为，探究学习是指儿童通过自主地参与学习活动而获得知识的过程，从而掌握研究自然所必需的探究能力。徐学福则认为，探究学习是学生在教师的指导下，为获得科学素养，以类似科学研究的方式所展开的学习活动。张秀娟（2012）认为："探究性学习是指学生在教师指导下，从自然、社会和生活中选择和确定专题进行研究，并在研究过程中，主动地获取知识、应用知识、解决问题的学习活动。它已成为高等教育的有效补充和延伸，体现出指导与自主、基础与研究、分科与综合、理论与实践、校内外、课内外等的有机结合和兼顾。"我国教育人士王茜茜（2011）对探究学习进行总结："探究学习是一种以学生内在探索发现的品质为基础、以解决问题为导向，在教师的指导下，学生通过各种形式获得知识与技能发展能力、培养情感与态度，特别是探究精神和创新能力的学习方式。进行探究学习，通过探究、合作的亲身体验，不仅能够有效地促进学生形成科学概念和对知识深层的理解，还有利于培养学生运用科学方法去思考问题，帮助他们提升解决问题的能力，获得成功的喜悦。"至今教育界对探究学习还没有达成一致的定义，但它作为一种新型的学习方式已经被多个国家所重视。综上所述，探究学习是学生在教师的指导下进行的主动学习和积极探索的过程。

（二）探究学习的特征

1. 主体性

探究学习鼓励学生充分发挥自己的主观能动性，积极参与探究活动，形成多方面的学习交流，从而创造一种开放、民主的学习氛围。它注重个体体验，将知识的学习看成认识、情感和人格的综合结果。学生在这种学习活动中都能获得一种主人翁的感受，学生不是被动地接受教师传递的知识，而是自己控制探究学习的进度。学生也不把教师分配的任务看作一种外来压力，而是看成自己学习的契机。它主张学生不断挖掘自己的内在潜能，只要智力正常，都可以通过学习提高自己的创新能力。探究学习常常是多人参加的过程，这既是探究学习本身所要求的，也是为了适应学习型社会所必需的。

2. 发展性

语言不是交际的目的，而是一种工具。之所以说探究学习具有发展性特征，主要有两个原因：第一，探究学习是在活动的模式下进行的，而活动的开放性让学生可以充分发挥自由的权利，表现学习的主体性，从而促进个体发展；第二，探究学习的评价采取类似于纵向评价的方式，鼓励学生不断超越之前的自我而获得新的发展。学生通过不断进步而拥有越来越多的自信，也就能迎来新的成功进而提高内在驱动力。

3. 问题性

问题和学习是相辅相成的关系，问题越多，产生的学习活动就越多；产生的学习活动一旦多起来，问题也会自然而然多起来。这就是知识越多，越能发现问题的原因。问题是学习的线索，由问题入手，才会激发学生的好奇心，才会有深刻而全面的思考。探究学习就是一种发现问题、提出问题进而解决问题的过程，这也是一条通往提升创新能力的道路。人类的进步和社会的发展正是由问题开始的。

4. 真实性

英语学科的内容大都来自日常生活，与学生的真实生活较为贴近，因此英语学习具有真实性的特点。探究学习的真实性不仅体现在内容上，还体现在过程上。在探究学习中，学生将自己的知识、情绪、态度和兴趣等真实地表现出来，对学习中出现的真实问题进行信息加工。

二、探究学习的步骤

（一）明确任务

在进行探究学习之前，教师必须先将学习和学习目标内容清楚明白地告知学生，让学生完全理解了此次活动的要求之后再开始探究。以《大学英语》第三册第六单元为例，教师应先确定目标：对作者海明威进行基本了解，归纳作品主题以及掌握重要单词和短语。接下来，根据目标可以确定四组任务：①查询作者海明威的基本情况；②了解一个9岁男孩由于误解死亡即将来临所表现的镇定与平静；③查出动词 commence，fush，gaze，overcome，poise，prescribe，scatter，shiver 和 varnish 的意义和用法；④查出短语 be detached from，bring down，hold tight onto oneself，keep from，out of sight 和 take it easy 的意义和用法。

（二）分配工作

明确任务之后，教师就要分配工作了。将全班分成若干小组，指定有领导才能的学生担任小组长。小组长的工作就是带领全组学生有条理地展开交流，进行探究学习。并且小组内还应指派一名记录员和一名汇报员，记录员负责记录本次探究学习的重要内容，汇报员的工作是将探究学习的情况概括地向全班汇报清楚。

（三）教师指导

探究学习是在教师指导下进行的活动，教师需要对整个探究活动起指路导航的作用，并且应该将进行探究学习的过程向学生描述清楚。教师是指导学生如何去做，但不会代替他们去做。学生始终是学习的主体，教师只是在每个阶段给予学生建设性的意见。

（四）汇报结果

在探究学习的末尾，学生有必要对整个学习过程进行反思，总结做得好的地方和不足之处，同时将学习成果和全班同学分享。从同学的结果汇报中，其他学生有可能会学习到一些经验以及注意到一些易犯的错误。同时，汇报可以锻炼学生的语言表达能力。汇报的顺序可以抽签决定。

（五）科学评价

探究学习应该有一套科学和可靠的评价体系。评价标准应该根据学习目的来制定，评价主体、评价方式和评价手段可以灵活地进行选择。同时，将自我评价、学生互评、定性评价与定量评价等相结合，有利于学生获得更真实、更全面的认识，进而不断改进探究学习的态度、方法等。最后适当给予强化措施，也就是对于做得好的学生加以表扬。

三、探究学习的评价

所谓评价，是指对评价客体进行研究、分析得出的判断，通常是好坏、是非的终结性判断。而学习评价是有关学生的学习成果、教师的教学质量等方面的信息。在探究学习中，学生可以根据评价结果不断调整自己的学习过程，从而达到最好的学习效果。

（一）探究学习的评价方式

对于探究学习而言，最完善的评价方式应该是将形成性评价和质性评价相结合。形成性评价也称“过程性评价”，对探究学习展开形成性评价，就可以在学习过程中及时发现问题，并及时调整、改进。而质性评价通常表现为文字性的描述，它比以简单的数字为呈现形式的量化评价更能传达出优劣等信息。

（二）探究学习的评价主体

探究学习的评价主体应该是多元化的，除了教师评价，也可以是自我评价、相互评价，还可以让家长和社区人士积极参加到评价中来。另外，大学生自我意识和自尊心较强，因此评价结果必须要保持一定的秘密性。

（三）探究学习的评价目的

探究学习的评价目的不应该是根据成绩好坏将学生分类、分等级，而是将评价作为学习的一种鞭策手段，旨在关注学生的智力和心理的正常发展。避免学生因评价结果不好而出现长时间的情绪低落，这样就会使评价的功能走向反面。

（四）探究学习的评价方法

探究学习可采用多种评价方法，如观察法、问卷法、访谈法及测验法。其中，在使用观察法的时候，要注意做好观察记录，不遗漏重要细节；若是使用问卷法，则可不用设置唯一答案反而采取开放性答案；而采用访谈法，就要事先准备访谈提纲并且让每组学生回答的问题相同；测验法主要涉及题目的选择，要选择生活化、难度适中的题目。

第七章　英语学习策略

第一节　认知策略

一、认知策略的内容

认知策略可以包括多种具体的方法和步骤，例如：

复述，即复述输入信息中需要记忆的内容；

组织，指根据语义或句法属性对词和概念等进行分类；

猜测，即运用口语或书面信息来猜测词义、预测结果或填补空缺信息；

总结，即为记忆而对输入信息进行周期性的总结；

演绎，即运用规则来理解语言；

归纳，即运用例子来总结规则；

意象，即运用视觉表象来理解和记忆新信息；

迁移，即运用已有的语言知识促进新的学习任务；

精加工，在新信息之间或在新信息与已有信息之间建立命题联系并加以整合；

注意，将思想集中于有关学习的信息或重要信息上，对信息材料保持高度的警觉状态；

简化，利用关键词、缩写、符号和数字等记录和储存信息；

联想，建立知识之间的联系。

二、认知策略的学习

认知策略作为学习策略的重要组成部分，被《课标》列为课程目标，要求学生在学习英语的过程中加以掌握和内化。将认知策略作为课程目标是语言学与规律的要求，也是《课标》的创新之处。《课标》将认知策略细化为具体的步骤和要求反映在学习策略目标（七级、八级）之中，具体描述如表 7-1 所示。

表 7-1　认知策略目标达成表

级别	目标描述
七级	1. 借助联想建立相关知识之间的联系； 2. 利用推理和归纳等逻辑手段分析和解决问题； 3. 总结所接触语言材料中的语言规律并加以应用； 4. 在学习中，善于抓住重点，做好笔记，并能对所学内容进行整理和归纳； 5 在听和读的过程中，借助情景和上下文猜测词义或推测段落大意； 6. 在学习中借助图表等非语言信息进行理解或表达
八级	1. 从不同角度认知新学语言项目，既关注语言项目的形式，又关注其意义和形式； 2. 在新旧语言知识之间建立联系； 3. 根据形式、意义或用法对新学语言项目进行分类； 4. 做笔记时能利用关键词缩写，符号和数字等； 5. 遵循记忆规律，提高记忆效果； 6. 把一个领域的技能转移到另一个领域，例如，把母语学习技能转移到英语学习之中，把读或写的某些技能转移到听和写之中

这些具体技能是可以通过学习来掌握的。由于认知策略属于程序性知识，因而对其学习也应该采用符合程序性知识的学习方法。

1. 举例示范

由于认知策略是对内调控的技能，所涉及的概念和规则又是反映人类自身认识活动的规律，而人类认识活动潜藏于人的内部，无法从外部直接观察到，这类概念和规律难以通过直观演示的方法教给学生。认知策略教学的一个难点是教师如何通过具体实例向学生示范策略应用的情形。

2. 反复练习与运用

认知策略涉及的概念和规则一般都带有很高的概括性，在应用时有很大的灵活性。要使规则支配自身的认知行为，提高自身认知活动效率，不可能经过短期的训练与教学就能收到广泛的迁移效果，英语教学尤其如此。

3. 符合认知发展水平

儿童的策略学习与应用受其整个认知发展水平的制约。对于智慧技能来说，它的习得主要取决于低一级智慧技能的掌握情况，而认知策略则与儿童的整个认知发展水平密切相关。例如，如果儿童尚没有分类概念，就教不会他们应用分类记忆的策略。

此外，认知策略的教学原则对培养学生的认知策略也有一定的借鉴作用，即：

（1）在进行认知策略教学的同时教授元认知；

（2）在原有知识经验基础上进行认知策略教学；

（3）在积极主动的基础上进行认知策略教学；

（4）在具体的教学内容中教授认知策略；

（5）按程序性知识学习规律教授认知策略。

第二节　调控策略

调控策略也称元认知策略，20 世纪 70 年代，美国心理学家弗拉维尔（Flavel）在“元记忆”的基础上提出了“元认知”这一概念，他指出“元认知”就是“关于认知的认知”，是对自己的认知过程和结果的意识与控制。随着元认知理论研究的发展，许多语言学家将其引入学与策略的概念中来，称之为元认知策略。大量研究证实元认知策略是高层次的语言学习管理技能，它能使学习者使用元认知意识对学习进行合理的计划、监控和评价，在语言学习中具有重要的作用。

元认知策略包括以下几方面。①计划策略：学习者根据自己已有的认知知识，制订一个适合自己的学习计划，如确定学习目标、预测重难点，产生待回答的问题，分析如何完成任务，安排学习时间等。②监控策略：学习者对自己的学习随时进行监控，如记忆监控、阅读监控、策略运用监控等，以保证学习任务按质按量地完成。③评估策略：学习者经常对自己的学习方法、学习效果和学习策略的运用情况进行自我评估，并且自我调节所使用的策略，以使学习效果不断提高。由此可见，学生一旦学会了元认知策略的使用，便可以将他们运用到新的学习环境中去，能够独立思考、自主学习，使学生真正成为学习的主人。

元认知策略就是有关前计划和前评价、再计划与再评价，以及语言学活动和语言运用场景的后评价，让学习者通过协调学习过程中的计划、组织和评价来调节自己的认知。元认知策略就是利用认知过程中获得的知识，通过确定学习目标与计划、监控学习过程和评价学习结果等手段来调节语言学习行为。对学习方法的评价和认识，即为元认知策略，其涉及确定和调整学习目标、选择学习方法和技巧及对学习结果进行评价和反思等。可见，调控策略是指学生计划、实施、评价和调整学习过程或学习结果的策略。元认知策略能力的培养可以促进学生学习的自觉性，是学生学会自主学习从而取得进步的必要条件。

一、调控策略的内容

（1）预先准备。预先概括性、全面了解要学习的概念和原理。

（2）预先预习。预先计划和演练语言结构，为即将学习的语言任务做好准备。

（3）定向注意。预先决定主要注意力放在哪一项学习任务上，而忽略不相关的干扰因素。

（4）选择注意。预先决定注意语言输入的哪些具体方面或哪些情景细节，帮助对语言输入的短时记忆。

（5）自我管理。认识有利于学习的各种条件，并主动创造这些条件。

（6）自我监控。注意语言表达的正确性和得体性，对不正确的进行更正，如在语音、语法和措辞方面。

（7）延迟表达。有意识地在初始阶段推迟表达，通过听力理解先吸收。

（8）自我评价。检查自己语言学习的结果是否完满、准确。

认知策略和元认知策略构成了学习者的学习策略。开展对学习策略的研究是英语教学法的一项内容，不同观点的争辩是有益的，它可以加深我们对学习策略的认识和理解。《课标》将调控策略细化为具体的步骤和要求反映在学习策略目标（七级、八级）之中，具体描述如表 7-2 所示。

表 7-2　调控策略达成表

级别	目标描述
七级	1. 根据需要制订英语学习计划； 2. 主动拓宽英语学习的渠道； 3. 创造和把握学英语的机会； 4. 学习中遇到困难时知道如何获得帮助； 5. 与教师或同学交流学习英语的体会和经验； 6. 评价自己学习的效果，总结有效的学习方法

续表

级别	目标描述
八级	1. 根据学习进展情况，调整学习计划和目标； 2. 了解自己使用学习策略的效果，并根据需要进行调整； 3. 能根据学习活动的需要，合理地分配注意力（把注意力集中在重点学习活动上）； 4. 学中遇到困难时能分析原因并尝试解决； 5. 控制和调整英语学习过程中的情绪和情感

二、调控策略的培养

就调控策略培养的具体内容而言，学生监控策略的培训主要集中在元认知意识、确立学习目标和制订学习计划、监控、自我评估四个方面的培训。

（一）培养学生在学习过程中的元认知意识

培养学生对学习性质的元认知意识也属于元认知策略。对元认知意识和策略的培养是帮助学生学会管理、支配自己的学习，并教会学生“学会学习”，使学生成为学习的主导者。元认知意识是指学习者根据学习的规律和学习的具体条件，自觉地组织自己学习活动的能力。教师的职责不能只局限于传授书本知识，而且还应该教会学生如何获得元认知的知识和体验，鼓励他们突破现有的学习模式去获得新的、有效的学习方法。

（二）帮助学生确立学习目标和制订学习计划

确立学习目标是另一种监控策略，指的是学完一门课程后想要达到的目的或所能掌握的本领。通常确立学习目标是在一门课程开始之时。由于确立学习目标和制订学习计划紧密相连，因此将两者放在一起进行。具体做法如下：在学习前的准备阶段，教师应向学生介绍总体学习目标，并让学生了解教学内容和教学目标；让学生思考该如何使用教材和可得到的学习资源来达到这些目标，在学习活动中可以做什么，应当做什么。一方面培养学生学习的兴趣和内在动机，另一方面培养学生在网络上搜寻资料的习惯，从而在一定程度上拓展学生的知识面。

（三）训练学生的元认知监控调节策略

建立以学生为中心的课堂，让学生的学习活动成为自觉的认知活动，充分发挥学生的主观能动性，在课堂上运用元认知策略中的规划、监控、调节策略来指导、监督、管理自己的学习。在传统的英语课堂教学中，教师往往是教学工作的主角，偏重语言知识的讲授而忽视学生的学习过程和学习方法，学生只是被动的接受者和服从者。而在目前所提倡的以“学生为中心”的课堂里，教师和学生共同合作完成学习任务，教师的角色转换成学习的示范者和促进者，学生则是一个主动的参与者，他们明确自己想要学习的内容和所要达到的目标，争取任何学习的机会，监控和管理自己的学习过程。

（四）师生评估相结合，提高学生自我评价的能力

为适应中学英语网络教学的需求，必须改变原有的教学评价模式。过去，教师习惯了长期通过考试成绩来衡量学生的学习，学生对自我学习过程的评价和调整，而现在的网络教学可以提供多元化的教学评价体系：教师在教学过程中可以不定期地对学生进行诊断性评价，以便及时发现学习中存在的问题，教师可以通过课堂提问、网络教学平台测试等方法对整个教学过程进行监控，突击过程评价，即形成性评价。阶段性进行教学结束后和完成整个教学结合实施是总结性评价，帮助教师反馈自己的教学方法、教学水平等。除此之外，在结束计划的学习任务后，教师要组织学生进行学后小结，正确评价学习情况，总结学习的得失，并分析原因。再就是反思方法的目的，教师可以指导学生通过各种方式方法，如写日记、与同学交流、问卷调查来鼓励和帮助学生回顾、检查、反思和评估学习内容、学习过程、学习结果，以及自己所采用的方法和策略。让学生尝试对自己的学习活动做出评价，通过评价，学生可以清楚自己在学习过程中的得失，及时调整自己的学习方法和计划，使自己的英语学习更具目的性和科学性。

第三节　记忆策略

记忆就是人脑对经验的反映，包括识记、保持和再现三个环节。记忆从人反复感知一定的客观事物，借以形成较巩固联系的识记过程开始，经过保持过程进一步巩固已形成的联系。识记和保持的内容在一定条件下可以恢复，这就是再认或回忆。20 世纪 50 年代以后，一些心理学家倾向于用信息加工的观点解释记忆，认为记忆是人脑对所输入的信息进行编码、储存和提取的过程。

记忆又是一个主动的心理过程。被储存在记忆系统中的信息不断得到加改造，与个体在识记前和识记后的经验建立各种关系。在记忆中经验发生量和质的变化。按记忆内容，又可分为多种记忆。记忆的生理机制是人脑在外界刺激作用下形成暂时神经联系，留下痕迹，这些痕迹在复习时经强化而得到巩固，再现时，旧痕迹被激活。

由此，我们可以认为，所谓记忆策略是指主体运用记忆的一般规律，有效地识记、保持、提取信息的方法和技巧。

一、记忆的三个阶段

记忆的三个阶段，或称三种记忆系统，具体包括以下几个阶段。①瞬时记忆阶段，为时不超过 2 秒。在这个阶段，外界信息进入感觉通道，并以感觉印象的形式短暂停留。②短时记忆阶段，为时不超过 1 分钟。储存在感觉通道中的感觉信息大部分迅速消退；只有得以注意和复习的小部分信息才转入并被保存在短时记忆中。在短时记忆中，言语材料信息基本上以听觉形式编码，动作和空间形象的信息基本上以视觉形式编码。③长时记忆阶段，短时记忆中储存的信息，经过复述、编码，并与个体经验建立了丰富而牢固的意义联系，就可能转入长时记忆系统中。这些信息在个体需要时可以被检索并提取，从而得到再现。长时记忆的时间为 1 分钟以上乃至终生；长时记忆的容量极大，包括人所记住的一切经验。在长时记忆中，信息大多数以自然语言为中介进行编码，视觉表象也可以作为编码的中介。现代认知心理学研究表明，长时记忆中的信息，是以命题网络的方式被保存。当需要再现时，网络的某一相关部分被激活，相关信息被提取而转入短时记忆，随之得到再现。

二、记忆策略的培养

记忆策略包含多种次策略，如背诵、重复、联想、简化等。该方法对中学生记忆英语单词效果良好。人们认为，在常规英语课堂教学情境中，教师有意识地注重记忆组织策略知识的传授，注重记忆组织策略训练与记忆监控策略训练相结合，采用联想归纳策略训练。具体程序如下：（1）通过样例教学使学生理解五种联想归类策略，①从属关系或包含关系，②相同、相似或相反关系，③某种组合关系，④汉语表达相同但英语表达相异，⑤语义背景上有某种共同特征，并明确其适用的条件和范围；（2）结合单词教学、口语教学、阅读教学和练习教学等环节，适时恰当地给出练习项目，并对选定的某种方法进行判断；（3）给出训练项目，要求学生用某种联想归类法对已学过的词语进行记忆训练，并对组织过程及效果进行检查和评价；（4）根据反馈采取补救措施；（5）针对某个训练项目，让学生回忆整个组织过程和结果；（6）强化训练，检测其有效性，即重复后四个训练程序，逐步使学生形成应用联想归类策略记忆英语单词的意识和习惯。

记忆策略的形成和获得还受学生自身因素的影响，特别是学生的发展水平、能力差异、动作差异等，教师应该全方位地培养和发展学生。

第四节　情感策略

一、情感因素的类型

英语学习中的情感因素共有两大类，一类是指学习者的个别情感因素，包括焦虑、抑制、自尊心、性格、学习动机等；另一类是指学习者相互之间以及学习者与教师之间的情感因素，包括移情、课堂交流、跨文化意识等。情感因素复杂而易变，贯穿于学习的全过程，互相联系又互相作用。英语学习情感策略则指学习者在英语学习过程中控制和调整自己心情、态度、动机等的方法与能力。关于这两类情感因素的具体解释，在一般心理学著作中都容易查到，这里不再赘述。

二、情感策略的培养

对受试者进行情感策略培训，教师在深入了解受试者的年龄、性别、学习动机、个性特征、认知方式类型、元认知发展水平，以及教学环境等的基础上，对受试者进行激发学习动机、提高自信心、磨炼良好意志和克服不良情绪等四项内容的情感策略培训。同时，研究受试者使用情感策略的心理过程，关注学生的情感因素，挖掘促进学生认知、情感、技能协同发展的方法。

（一）培养兴趣，激发动机

认知主义心理学代表人物之一 Bruner 认为，内在动机是维持学习的基本动力；几乎所有学生都具有三种最基本的内在动机：好奇内驱力（求知欲）、胜任内驱力（成功的欲望）和互惠内驱力（与人和睦共处的需要），这三种动机都隐含内在的学习愿望中，具有自我激励作用，并且效应持久。许多中外语言学和心理学的研究证明：学习动机是可塑的，且动机一旦形成，就会贯穿于学习活动始终；学习动机可以加强并促进学习活动，而学习活动又可激发、增强甚至巩固动机；强烈的外语学习动机可以克服语言天赋的不足和学习条件差等因素。教师在教学过程中穿插适量的讲座、自我测评和讨论，以激发学生在英语学习方面的求知欲望和成功的愿望；用合适的教学内容、教学方法和手段来提高学生对英语的浓厚兴趣。具体措施如下：①用生存、发展、工作和教育需要，自尊、自我实现需求，以及地位、心理安全、归属感等引导学生制订明确的短期目标和长期目标，通过满足学生认知和情感需要来激发学习兴趣和内在学习动机，调动学习积极性；②在教学过程中注意穿插新颖且难度适中的教学内容，如原声电影、外语新闻、英美文化背景、文学欣赏等，并运用多媒体手段多层次、多维度地刺激学生的感官，激发兴趣，提升他们融入英语文化的程度。

（二）分析成败，提高自信

自信是学习者对自身价值和能力的评价与认识，它包括认同感、胜任感和成效感。在自信受到保护和鼓励的环境中，学习的认知活动最有效。成功体验能激励进一步的成功，而屡次失败会损害学习者的自信心，从而导致最终的失败。解决问题可以使学生获得胜任感、成效感和快乐，这对促进学习至关重要。

对学生进行归因训练，帮助学生客观地了解自己的优势和劣势，正确地认识自己、评价自己也很重要，而改变困难学生视英语学习失败的原因是不可变和不可控的倾向尤其重要。因此，首先使学生树立正确的观念：英语学习是一个受学习者控制的认知过程，关键在于学习者的努力和坚持，学习者可以通过适当的学习策略提高学习效果。一方面引导学生正确对待学习过程中的挫折和失败，学会正确分析自己的成败，并破除迷信，相信世界上没有唯一、最佳的学习方法，只有最适合自己的方法；另一方面，关注学生的个性、人格，赏识他们的点滴进步，鼓励他们做有利于建立自信的比较，逐步获得更多的正面暗示。如引导他们发现自身的“亮点”：一天记了几十个单词和词组，学了几个有用的结构或句型，快速看完一篇散文并能欣赏其中一两个隐喻表达等。通过这些方法，逐步激发学生对英语学习的自信心与积极性，不断挖掘并维持他们的学习动力。

（三）克服不良情绪

过度的消极情感，如焦虑、害怕、紧张、愤怒、沮丧、怀疑、厌恶等，会影响学习潜力的正常发挥。如果语言学习过程中的消极情感太大，再好的创新教学和学习方法，再好的教材也无济于事。与此相反，积极情感如自尊、自信、动力、移情等能极大地促进语言学习。许多研究表明：焦虑、压抑等与学习成绩、口头和书面表达能力、自信心、自尊心之间都存在负相关关系，对语言学习有负面影响，甚至造成恶性循环，但焦虑和压抑是可以克服的。很多学生在学习英语的过程中存在着不同程度的苦恼：记不住英语词汇、句型和语法，或者记住了却用不上；花时间最多的一门课程，却成绩最低等。长此以往，学习者便会产生心理疲劳、挫折感，甚至导致过度焦虑等情感障碍。这不仅浪费精力和注意力，而且相对削弱了思考和记忆的能力，语言存储和输出效果也随之降低，甚至进一步增加焦虑的程度，造成恶性循环。这类消极情绪典型地表现在英语基础差的学生身上，他们大多担心出错，怕“丢面子”，感到紧张和尴尬，因此索性不回答问题或表达观点，只是做一个旁听者。久而久之，形成恶性循环：越不敢表现就越出错，出错越多就越害怕表现，从而参与语言实践的机会越来越少，学习效果也就越来越差。

有的甚至认为自已不适合学英语，因而从不主动去学习。针对这些问题，实验组教师在教学中努力做到以下几点。

(1) 从整体出发，全面调控和优化课堂教学心理环境，如协调同学关系，及时解除不良情绪的干扰。多设计小组合作任务，利用小组内更融洽的关系和为小组争光的好胜心理，促使他们积极主动地交流。小组合作中的焦虑程度远低于当着全班学生回答问题的情景，这大大增加了学习者用英语交流的机会。

(2) 学生发言时，教师面带微笑并仔细倾听或提示，引导学生完成整个过程，或可简单提示并让学生自已纠正错误。尽量不在发言过程中纠正错误，以避免引起焦虑。对学生的发言，小错误可忽略，对较明显或典型的错误，先做肯定评价，再做适度纠正。

(3) 教师们做到布置的任务具体，提出的要求或目标明确，促使学生及时了解自身的进步和不足，尽可能消除因茫然带来的焦虑。

(4) 指导学生了解人脑的认知特征、记忆与遗忘的规律、长时与短时记忆的不同效果，引导他们结合各项认知策略，使词汇和语法知识有效地进入长时记忆，为输出打下坚实的基础，也为克服焦虑、抑制不良情绪创造条件。

(四) 磨炼良好意志

如果教师使学生清楚地理解学习目的并明白完成任务和活动对个人的益

处，就可能创造或增强学习的动力；教师若帮助学生控制自己的学习、制定目标，也有利于强化学习动机；教师的反馈对动机有促进作用，奖励、表扬等正面强化手段比惩罚等负面手段效果更佳。要使学生在英语学习中专心致志，并具有持久的学习热情，除了激发深层学习动机，还需磨炼意志，使他们在遇到困难时有顽强的自制力和坚强的毅力。

（五）培养合作意识

新课标将合作意识作为情感态度的重要内容，说明合作精神是当今世界的主流。可以说，没有合作就没有世界的繁荣与进步。培养合作意识应通过小组合作的形式进行。学习是合作学习的基本形式，因此，教师要将学习内容转化为只有通过合作形式才能完成的任务，这样可以自然地促使学生共同合作与协商，如短剧表演、采访、社会调查、办英语小报等。

（六）培养祖国意识和国际视野

祖国意识的集中体现就是爱国。爱国是学生最需要培养的情感。祖国意识的培养应从介绍中国文化和民族英雄入手，教师要挖掘教材的相关因素对学生进行教育。同时，也要结合教材接受异国文化，使学生拓展国际视野。

第五节　社会策略

语言是一种社会行为，语言也是一种交际工具，而交际在人们之间进行。因此，学习一种语言要涉及他人，而在此过程中适当的社会策略（或称社交策略、社交语言策略）是非常重要的。

一、社会策略的内涵

社会策略是指与他人学习和向他人学习的策略，此中学习者或以合作学习活动形式与他人互动以促进学习，或询问、澄清，或使用某种情感控制来协助教学任务。

社会策略包括一个方面：询问问题、与别人合作、移情。

在这种社会互动中最基本的是询问问题，它是学习者从中受益匪浅的行为。

询问问题有助于学习者接近所隐含的意思，因此有助于理解。询问问题也有助于学习者鼓励与同伴对话以提供更多的用目标语进行的“输入”，并表示出兴趣和投入。而且，对话者对学习者问题的反应说明该问题本身已被理解，因此对学习者的表达技能提供了间接的反馈。除询问问题外，一般来说，与同伴和更熟练的目标语使用者合作对语言学习者绝对必要。

移情是为了更好地理解别人的观点而“设身处地地为别人着想”的能力，也就是通过换位思考等方式体验他人的情感。移情在任何语言中对成功的交际都非常重要。因此，社会策略能够帮助所有学习者通过增进文化理解和了解他人的思想和情感来提高移情能力。

二、社会策略的培养

对英语学习者而言，社会策略是一项有用的学习策略。然而据调查，学生很少使用这种策略。有关社会/社交策略与英语教学的论文十分罕见，到目前为止，外语类核心期刊尚未有相关论文发表。我们根据社会策略的内涵，认为培养学生的社会策略能够促进他们的语言学习和人格发展，因此应从以下几个方面进行培养。

（一）提出质疑

能够合理地提出质疑，是学习者积极思考、有个人思维的一种表现。要想帮助学生养成爱思考的习惯，教师在课堂上可以结合对学生情感策略的培养，给学生多提出一些选择性的问题。比如在听力理解中，学生往往喜欢采用做笔记。不同学生记下的内容当然不同，然而在完成练习的时候，却期望得到教师统一的答案。教师应该训练学生按照自己的笔记总结自己的答案，然后交换答案进行对比，借此训练他们对归纳、总结等直接策略的使用能力，发挥其主观能动性。

（二）提高文化意识

在英语学习中，学生难免会遇到一些因为东西方文化差异而引起的语言障碍。比如在对话中，学生听到当顾客在使用支票支付时，售货员要求顾客出示驾驶执照，学生感到非常困惑。这是因为学生对西方国家的法律制度不太了解。

在美国，驾照和身份证一样，都是能够证明持有人身份的有效证件。教师应该注意帮助学生提高文化素养，通过听、唱英文歌曲，欣赏原声影视节目，阅读英文报纸杂志等途径来帮助学生领略英美等国家的风土人情，提高跨文化意识。

（三）创造使用社会策略的良好氛围

为使学生有效地运用社会策略，外语教师应激发学生的交际动机，创造交流机会，使他们在交流中提出问题，获得帮助，同时更好地理解对方。举办英语角表演短剧和进行采访调查不失为培养社会策略的有效途径。

第六节　补偿策略

补偿策略能使学生在知识有限的情况下更有效地理解与表达。补偿策略旨在补偿语法，尤其是词汇知识的不足。

一、补偿策略的类型

补偿策略共有十种，分为以下两类。

（一）听、读中的运用线索来猜想

猜想策略，有时也称“推测”，指学习者单词不完全认识时使用多种线索（语言的和非语言的）猜测词义。良好的语言学习者，遇到不知道的表达法时，会做出有根据的猜测。然而，欠熟练的语言学习者经常惊慌失措，或者抓住词典查找每个不认识的词——这是阻碍熟练进步的有害反应。无论是语言专家还是新手，当他们没有听完整时，或者不知道生词时，或者意思藏在字里行间时，他们都会运用线索做出猜测。

（二）克服说、写的困难

其他补偿策略，如调整或估计信息、杜撰新词、使用迂回法或同义词，抑或选择话题，可以用于口语和非正式的书面语。

二、补偿策略的培养

补偿策略对弥补学习者语言乃至文化方面的缺陷具有重要作用。补偿策略的培养应基于以下方面。

（一）立足情景语境

情景语境，即上下文，也包括话语发生的实际场所，是语篇的内部信息网络。它是学习者猜测词义最重要的依据。在情景语境中，学习者可以利用关键词、同义词、近义词、反义词、下义词、语法结构、解释、语调、语气，甚至非言语行为（如面部表情、手势、实物等）进行猜测和推测；通过有关交际过程的知识，说话者和听话人的身份、交际场所、话题、语域等猜测词义。利用语境猜测词义的论述较多，这里不再赘述。

（二）丰富文化知识

英汉两种语言具有不同的文化根基，两种语言使用者的思维与表达带有浓厚的文化烙印。在不具备目标语文化图式的情形下，理解和被理解往往会出现困难，甚至导致误解。因此，学习者要尽量丰富世界知识，了解目标语使用者的文化渊源和思维习惯，这样才能在交际中进行有效补偿。例如，以前我们常说亚洲“四小龙”，可“龙”（Dragon）在西方文化里是个不吉祥物，甚至是邪恶的（Evil）。因此，有人建议采补偿策略，用“四小虎”（Four Tigers）代替“四小龙”。

如果我们不了解中西这种文化差异，补偿策略就难以实施。所以丰富文化知识，了解文化差异是实施补偿策略的先决条件。

第七节　交际策略

一、交际策略的类型

（一）词汇策略

（1）目标语策略。学习者用目标语来描述某一词语。

（2）迂回说法。学习者使用目标语描述某物或某行为的特点或某物的成分，让对方明白其意。

（3）创造新词。学习者创造一个新词以表达一个想要表达的概念。

（4）用近似词。学习者用目标语的一个词代替要表达的词语。

（5）用同义词。学习者用同义词表达另一词语。

（6）用反义词。学习者用反义词表达另一词语。

（二）知识策略

（1）举例。Suppose the woman wants the money，so she wants to marry him.（vanity）

（2）文化特征。I think in Beijing there are a lot of this fruit.（peach）

（3）比喻。The tool shape is like number seven.（hoe）

（三）重复策略

学习者重复说过的话，希望对方能再考虑一下，猜出该词语的意思。

（四）求助策略

学习者要求对方解释某一词语或提供某一词语的正确语言形式。

（五）手势策略

学习者在交际时，辅以手势来表达意义。

（六）回避策略

学习者放弃话题或回避某一语言单位的使用。

例如，日本人发音困难，他会说“He is very fortunate.”而不说“He is very lucky”。

再如，有些学生不会使用过去时态，在交际时他会改变话题。

新课标将交际策略列为学习策略，并指出交际策略是指学生为了争取更多的交际机会、维持交际，以及提高交际效果而采用的各种策略。具体目标描述如表 7-3 所示。

表 7-3　交际策略目标达成表

级别	目标描述
七级	1. 在课内外活动中积极用英语与同学交流； 2. 借助手势和表情等非语言手段提高交际效果； 3. 通过解释或重复等方式克服交际中的语言阻碍； 4. 利用各种机会用英语进行真实交际； 5. 监控交际中语言运用的得体性
八级	1. 通过解释、重复、举例和实证等方式澄清或论证观点； 2. 能在必要时使用委婉语言来表达意思或想法； 3. 根据语言使用环境，得体地使用语言； 4. 交际中善于克服语言障碍，维持交际； 5. 在真实交际中注意并遵守英语交际的基本礼仪

二、交际策略的培养

交际策略的研究可以帮助我们了解外语学习过程，与探讨外语教学法联系在一起。正如陈思清在《交际策略在外语交际中的运用》中指出的那样，“有效地使用交际策略能使学生运用有限的知识来达到无限的交际目的”。因此，新课标尤其注重学生交际策略的培养。

（一）积极参与英语交际活动

交际策略是在交际活动中培养出来的，因此学习者首先要敢于积极、大胆地用英语与同学或老师交流。作为学习者在交流中不怕出错，出错是进步的象征，因此要敢于开口。同时积极利用多种渠道，包括网络资源使用英语，在真实交际中培养有效的交际策略。

（二）敢于实践交际策略

在交际中要敢于表达自己的情感、想法和观点，把注意力集中在交际的内容上，而不是语言形式上。敢于尝试学过的交际策略——语言和非语言的——解决语言困难，维持交际的正常进行。当你使用交际策略克服某种语言阻碍时，你会更有信心，从而更熟练地使用交际策略，最终提高交际能力。

第八节　资源策略

资源策略是指学生合理并有效地利用多种媒体进行学习和运用英语的策略。高中生应在义务教育阶段所培养的自主学习能力的基础上，进一步掌握资源策略，学会独立地获取信息和资料，并能加以整理、分析、归纳和总结，从而扩展知识、开阔视野、充实生活，更自觉地规划人生。新课标对资源策略目标的描述如表 7-4 所述。

表 7-4　资源策略目标达成表

级别	目标描述
七级	1. 有效地使用词典等工具书； 2. 通过图书馆、计算机网络、广播和电视等资源获得更广泛的英语信息，扩展所学知识
八级	能通过图书馆、互联网、报纸、杂志、广播或电视等多种渠道资源查找所需信息和材料，例如，百科知识、专业文献、公共信息、统计数据和新闻报道等

一、课程资源的内容

英语课程资源包括英语教材及有利于发展学生综合语言运用能力的其他所有学习资料和辅助设施。它包括教材、广播、影视节目、录音、录像资料、网络资源和报纸杂志等，还包括图书馆、语言实验室、视听室、音像设备等基本和常用的教学设备，也包括电视机、录像机和计算机多媒体设备。可见，新理念下的教材观不仅仅局限于传统教科书（textbook）的概念。

二、课程资源的开发与利用

（一）教材的处理

教材是课程资源的核心部分。教材在教师心目中具有重要的地位，对于教材的使用，教师往往补充得多，删减得少。然而，教材只是教师教学的依据，即用教材教，而不是教教材。因此，新课标建议教师要善于结合实际的需要，灵活地和创造性地使用教材，对教材的内容、编排顺序和教学方法等方面进行适当的取舍或调整。具体的处理如下。

（1）对教材内容进行适当的补充和删减；

（2）替换教学内容和活动；

（3）扩展教学内容或活动步骤；

（4）调整教学顺序；

（5）调整教学方法；

（6）总结教材使用情况。

关于如何处理教材，教师没有必要把教材中所有的板块都教完，也没有必要把所有的“任务”都做完，因为教材只是一种教学资源包。教师应灵活、创造性地使用教材，即依据学生的实际，大胆删减、增补和重组教材内容。具体而言，教师可以进行以下三方面的工作。

（1）根据学生的实际水平删减教材内容，以便集中精力处理最重要的教学内容，实施最有效的教学活动，落实最重要的语言知识和技能。

比如，简化 warming up、speaking、talking、post reading、project，以

及 assessment 等反映的教学步骤。另外，教师可以舍弃一些与学生生活相距较远、专业性太强的内容。

（2）对学有余力的学生可以通过报刊阅读等手段增补和拓展教材内容。

（3）结合学校的实际和学生日常活动的主题调整教学顺序，重组教材内容。

（二）教材与其他教学资源的处理

教师在充分利用教材的前提下，应积极使用其他课程资源。教材本身就是经过筛选了的课程资源，在英语教学过程中，根据教学的需要或根据学生发展的需要，与教材内容相关的一些课程资源需要教师和学生一起去开发并利用。所谓教材的二次开发，就是教材的再开发、多次开发，就是将与教材内容相关的、对学生学习有意义的材料，经过教师的努力，在教学过程中呈现给学生。随着现代信息技术的发展，新课程理念下的英语教材内涵也有了新的发展。除了教师手中的教科书、指导用书、学习辅导读物外，各种图书资料、报纸杂志、录像录音、光盘、计算机软件，以及网络信息化资源都可以理解为教材。此外，现实生活、自然环境、社会发展等均可视为“活教材”。现代教育理念认为教学应是依据教材，但不局限于教材，而是在师生互动的课堂教学中及时开发有价值的课程资源，为不同年级的学生精心设计并挑选适合这个年龄段学习需要的丰富多彩的图书教材、视听教材、电子教材、网络教材等，并根据学生实际情况分享这些资源，从而拓展视野，强化情感体验，提高课堂教学效率。

三、资源策略的培养

在对学生的资源策略进行训练时，建议教师注重以下方面：

（1）布置课本以外（不能从课本上找答案）的作业；

（2）多做 project；

（3）布置跨学科作业；

（4）布置可以从语言实验室、多媒体等现代教育技术，图书馆、互联网、生物园、动物园、博物馆、水族馆等找到答案的作业。

可见，资源策略的训练主要是以“任务”为媒介，让学生从课本之外亲身参与、体验寻求答案的过程。在完成任务的过程中，学习者不断获得“果实”“品尝甜头”，进而自然养成广泛收集信息的习惯，形成资源策略。

第九节 自主学习策略

一、自主学习的定义

自主学习到目前为止尚未有一个统一的定义。学者们以不同的视角给自主学习下过不同的定义。国外学者 Gardner & Miller 将有关自主（autonomy）的定义归为四个主要思想流派。①概念工具：其代表人物是 Holec。Holec 1985 年将自主表述为“学习者在学习过程中对其学习所做出的一切决策和对这些决策的实施要全权负责”。②个性特征：其代表人物是 Little 和 Kenny。Little 把学习者自主看作主要是学习者的学习过程与学习内容的心理关系问题；Kenny 则认为“自主不仅是学习上的自由，而且是‘成人（become a person）的良机’”。③政治概念：其代表人物是 Benson。Benson 将学习者自主定义为“对学习者在教育体制内，在英语作为外语的教学的情境中的实况的识别”以及根据整个英语世界中的“本族语言者”对“非本族语言者”实况的识别。④教育实践：其代表人物是 Boud。Boud 指出，自主既是教育实践的方法，也是教学的目标。而 Gardner 和 Miller 则将自主语言学习者定义为“开始计划并实施其学习项目”的人（Ibid）。可见，Gardner 和 Miller 的定义也属第四类。

二、自主学习教师角色的转变

《英语新课程标准》要求英语教师把学生作为学习的主体来看待。学生们探求新知的好奇心，主动探究知识的愿望和积极的学习态度，都是作为学习主体的学生所具有的和需要培养的。英语教师要认识到学生的主体地位，积极引导学生在英语学习中自主学习、探究发现、合作交流，从而拓展学生学习英语知识的渠道，拓展学问上发展的空间。传统教学和自主学习中教师的角色进行如表 7-5 所示的区分，从表中可以清楚地看出两类不同教师的区别。

表 7-5　传统教学和自主学习中教师的角色对照表

传统教学中教师的角色	自主学习中教师的角色
1. 要求个体学生服从教师的教学计划； 2. 面对全体学生，预设整体教学目的； 3. 学习成绩等同于知识的掌握； 4. 学习主要方式是知识的记忆； 5. 作为课堂教学的主宰，教就是为了控制学； 6. 时刻提醒学生遵守课堂纪律； 7. 讲授是课堂教学活动的主要形式； 8. 给予全体学生同类同量的作业； 9. 多数测验、考试使用封闭型试题； 10. 把学生的测验、考试成绩看作学习的最终目的及衡量学习好差的标准	1. 介入不同学生的自我学习计划； 2. 帮助学生设置能够达到的个人标准； 3. 知识的掌握应通过能力体现； 4. 学习是个知识重构的过程； 5. 作为现代管理者，在教学中给予学生必要的自由； 6. 引导学生自主控制自己的行为； 7. 演示、启发与讲授并举； 8. 根据学生知识内化的需要布置作业； 9. 测验、考试中设置多项开放性试题； 10. 用发展的眼光看待每个学生的测验和考试成绩。成绩是衡量学习的标准之一

英语教师必须首先认识到，每个学生作为英语教学的主体，具备有思想、有思维、有情感的个性。英语教师就必须尊重学生，在教学过程中师生应处于平等的地位，教师要尊重学生的意见、看法，尊重学生的人格；对不同的意见或言语错误不能用指令式、裁判式、批评式的语言，更不能讽刺挖苦，英语教师不能把自己对英语的理解强加给学生，应鼓励学生多角度地发表见解，努力营造一种教学相长、和谐平等的英语课堂气氛。这样才能使学生始终处于积极主动地探究英语知识、掌握英语交际技能的过程中。

三、自主学习策略培养

（一）优化学习资源

自主学习的资源因素要求提供真实的学习材料，配备现代化的多媒体网络平台或建立自主语言学习中心，组织自主性的学习活动，使学生能够接近真实的语言使用者和其他语言学习者。新编英语教材可以满足有形资源的需要。此外，教师作为真实的语言使用者，要尽量使用地道的英语组织教学。同时，还要注意自主学习课堂与课外的结合，利用学生资源，让他们积极参与讨论、活动和评价，充分发挥其人力资源的作用。

（二）正视师生角色

传统教学中的教师是主宰课堂的权威，而在自主学习中，教师是信息提供者、顾问、真实语言使用者、管理者（manager）、材料撰写者、评价者（evaluator）和组织者。同样，学生也不是传统教学中被动的知识接受者，而是计划者、组织者、管理者（记录）、思考者（关于学习）、自主语言学习评价者、自我评价者和自我激发者；其他学生不再是传统教学中的陪衬，而是合作者和同伴评价者。可见，师生角色的转变是自主学习的前提，尤其是教师要提高服务意识，给学生创造更多的参与语言实践的机会，充分发挥学生的主体作用。

（三）发挥管理作用

教学管理部门要发挥组织作用，对整个体系进行监督、协调、决策和合作，要用最能支持学习者需要的方法组织自主英语学习，保障自主英语学习的有效开展。例如，安排学生到自主学习中心学习，并对学习效果进行评价。

（四）注重个性化

教师要承认学生具有个性差异，如学习风格、学习策略、学习时间与地点、学习所用时间、学习水平、学习内容和学习投入等，因此，在教学中尊重学生个性差异，让学生有权选择学习内容，特别是课外阅读和练习，做到因材施教。

（五）有效利用需要分析

需要分析是实施自主学习的前提条件。根据学的差异和他们做出的需求分析，帮助他们确定学习目标，制订学习计划。同时，根据需求分析，教师对自己的教学进行调整和改进，以更好地适应学生的学习计划。

（六）关注学生反应

教师要仔细观察学生的语言能力、语言学习方面的进展情况、自主语言学习的自我适应性，以及目标的建立情况，为调整和改进教学获取反馈信息。根据学生的反应，教师对自主学习进程进行调控，并为学生提供及时的帮助。

（七）利用“协商”机制

一方面，教师根据学生的反应，对学生有关语言能力、学习方法提出忠告，并对他们的学习计划进行协商，以便使其更能适合学生实际；另一方面，在学习过程中也要鼓励学生对他们所学的知识进行协商，从而形成对知识的构建。

（八）重视师生培训

教师要更新教学理念，充分认识自主学习的实质，尤其要认真学习英语课程标准，提高对自主语言学习的理解，以提高教师的服务意识；学生也要提高对自主语言学习的理解，采取多种方法、提高学习效率。

（九）注重评价与评估多样化

自主学习中，评价的种类包括自我评价、同伴评价和外部评价；评价的目的包括自我监控、证明和对自主语言学习的评价。评价可以利用档案袋，或通过网络平台与教师或同伴交流。评估则是为了确定自主英语学习的自我适应性，同时就自主英语学习给教师/管理者提供反馈信息。也就是说，评价与评估应该体现形成性评价与终结性评价相结合，着重形成性评价；评价也不仅仅限于考试，而要经常借助于平时提问、作业和活动对学生的表现进行协商，在讨论和体验的过程中使学生逐步形成各项语言机能。

（十）合理开发教学资源

课程资源开发是国家赋予教师的权利和责任，因此教师要以主人翁的姿态积极参与校本课程资源开发。校本课程资源开发要注意支持适应学生个性化的需要，增加学生的学习和语言实践机会。在更多情况下，校本课程资源开发是根据学生差异和教学需要，对现行教材进行调整、补充和删减，尤其提倡将相关主题以任务的形式设计成能够鼓励学生积极参与的语言活动（如采访同学或教师、社会调查、办英语报和进行英语演讲等），旨在提高学生综合语言应用能力。总之，自主学习是一种复杂的策略体系，新课程将其既作为一种学习方式，又作为教学内容目标，这足以说明其重要程度。因此培养学生的自主学习策略不是一朝一夕之事，它需要教师在英语教学过程中有计划、有步骤地依据自主学习因素进行教学实践，并不断地在教学实践中养成学生自主学习的习惯，进而形成自主学习策略。

第八章　新时代背景下英语教学设计与实践

第一节　新时代英语教学策略设计与实践分析

一、英语知识组织策略

人的语言交际能力包括语言能力和运用语言的能力。语言能力是指学习者对语言知识（即语音、语词、语法、文化知识等）的掌握。语言知识和语言运用的能力相结合才是语言学习应达到的目标，因为它们就像一个硬币的两个面，是构成语言交际能力不可分割的两个组成部分。因而，促使学习者掌握一定的语言知识和具备听、说、读、写语言交际能力是英语教学的目的。

（一）语音知识组织策略

语音是我们运用语言进行口头交际赖以传递信息的媒介，语音知识教学应当遵循的组织策略主要有以下六个方面。

（1）确保学习者的发音尽可能准确

准确性是语音教学的首要组织策略，因此，教师应通过多样化的教学手段，从发音方式、发音部位等方面入手，促进学习者掌握尽可能准确的发音，形成正确的发音习惯，尤其是语音的运用习惯，如强调语气的重读等。

（2）坚持长期的语音训练

就语言教学来说，尽管在小学、初中和高中各个阶段的教学侧重点不同，语音教学始终是整体语言教学中不可忽视的一个方面。因此，为了达到教学目标，语音知识应遵循长期性组织策略。随着学习者水平的提高，教学中应增加语用知识训练，逐步减少纯技能性训练。

（3）力求音素、音标、词汇、句子、语义、语用各个层面的结合

语音知识并非单纯是指关于音素和音标的知识，而是应该从音素、音标、词汇、句子、语义、语用各个层面综合考虑。例如，教师可以将［iː］、［i］、

[e]、[ei] 音素与句子相联系。

She is a Chinese teacher.

Miss Green reads Chinese paper every day.

Twelve teachers listen to the Chinese radio.

Please stay and wait for a minute.

Please sit down and listen to the teacher.

(4) 针对学习者的发音困难采取相应的教学措施

语言是民族性的，语言的物质外壳在各类语言中也具有明显的民族特征。例如，汉语中没有辅音连缀的发音，而辅音连缀在英语中却普遍存在。因此，学习者常常在英语辅音连缀中间增加一个元音 [a] 或者 [i]，如将 class [kla：s] 读成 [kala：s]，把 sleep [sli：p] 读成 [sili：p]，把 name [neim] 读成 [neimu] 等。学习者由于受不同地域方言的影响，在英语发音方面表现出的困难也各有不同，如北方学习者存在将/η/泛化的问题，南方学习者存在把/η/读为 [n] 的问题，尤其是 nice 读成 lice，knife 读成 life 的问题。针对以上这些问题，教师应及时提供相应的指导。

(5) 增加语音学习

教师可以根据不同学习阶段的学习者的特点，或采用游戏、竞赛、歌谣、歌曲、绕口令等方式，或借助动画、图片、录像等教具，增加语音学习的趣味性。

(6) 将语音置于特定的运用语境中

语音要通过运用习得，不是单纯的知识讲解就够了。教师应尽量将语音教学置于特定的运用语境之中，让学习者领会、分析语音的交际含义，将所学知识用于交际活动，巩固所掌握的语调、重音等技巧，准确传达交际意图。语音能力的评价也应置于交际语境中，不仅要看其发音是否准确，更要看其是否对交际活动有促进作用。

(二) 语词知识组织策略

语词是语言的基本要素，是组成句子的基本单位。语词包括音、形、义三个结构要素，学习和掌握语词的音、形、义三个要素并在交际活动中灵活运用语词的过程，是一个复杂的心理认知过程。语词教学包括意义、用法、使用策略等方面的内容，教师应根据词的不同特点、学习者在学习时的认知规律、学习者已有的知识、经验和个性心理特点等，采用各种不同方式，揭示语词的本质特征。

语词知识教学应当遵循的组织策略主要有以下六个方面：

（1）选择恰当的语词

一般来说，所选择的语词应是出现频率较高，或者常常造成学习中的困难、具有一定的代表性的语词。这样，通过一部分单词的学习可以使其他单词的学习变得轻松。

（2）合理确定语词学习目标

一个成年的非语言文字工作者掌握的本族语的语词中，一般只有 1/5 是能熟练运用的语词，4/5 是理解性的语词。一般的外语学习者所能熟练运用的外语语词也只是其总语词量的 1/3，其他 2/3 是理解性的语词。

所以，我们在语词教学中，应该根据这一比例，合理地确定语词学习的目标。比如高中学生毕业应学习 3 500 词，那么我们应该要求学生能熟练运用其中的 1 200 词，另外 2 300 词则只是要求能够理解。这样可以大幅度提高语词教学的有效性，降低语词教学的难度，尤其是记忆单词拼写形式的难度，进而提高学生的语词运用能力。

（3）本着直观性、情景性和趣味性原则展示语词

直观性就是指利用实物或教具展示物质名词，利用动作展示动词，利用面部表情或体态动作展示表情词语等。同时，教师还应当引导学习者通过分析阅读或听力材料，自主领悟和推理单词的用法，将语词教学与技能教学融为一体。

（4）引导学习者在具体情景下使用语词

如果学习者不能够在真实的语境下使用语词，则很难掌握单词的用法，更谈不上发展口头表达能力和笔头表达能力。因此，语词教学并非仅仅是指对语词音、形、义方面的讲解，还应包括为学习者提供具体的情景让学习者使用语词。

（5）帮助学习者了解语词所包含的文化含义

语言是文化的载体，要恰当地使用语言就必须了解相关的文化知识。因此，语词教学不能仅限于引导学习者了解语词的字面意义，还必须了解单词的语用意义，同时还必须掌握单词的文化意义。

（6）利用记忆规律、学习风格帮助学习者记忆语词

对于中国学生来说，单词的词形与读音记忆是一大难点，因为英语是拼音

文字，而汉语是象形文字，同时由于语言历史的原因等，英语的拼写形成了同一语音不同拼写形式的现象。

不同学习风格的学生有着不同的记忆方式，我们应该基于学习者的不同学习风格，引导他们掌握不同的记忆方法和策略。比如对于视觉型学习者，边看边写边拼读可能是有效的，学习词缀等构词法也是有效的。但是对于听觉学习者，可能需要边听边看，口头拼读单词才能更好地记忆语词。

（三）语法知识组织策略

语法是语言能力的一部分，掌握语法知识可以帮助学习者认识语言本身的规律，从而主动、积极地学习语言。学习者掌握一定量的语法知识有助于学习者理解，甚至监控、纠正语言的输出，为准确表达提供可靠保证。

语法知识教学应当遵循的组织策略主要有以下四个方面：

（1）注重语法教学的系统性

语法是语言系统规律的体现，语法教学也必须符合系统性。系统性原则要求语法教学依据教材中的语法系统，同时也要符合语法发展的规律，即语法知识的选择应符合现代交际的原则，满足交际的需求，避免出现交际中较少使用、为语法而语法的教学设计。

（2）贯彻语法教学的交际性

基础教育的语法教学应当遵循交际性原则，在必要的意识提升活动（consciousness raising activities）和语法操练的基础上，教师为学习者尽可能地趣味性创设交际性语言环境。教师也可以利用学习者已经掌握的词语、短句来突出语法的交际本质，来创建真实、半真实的交际活动，引导学习者感知、理解和学习语言。

（3）注重语法教学方法的多样性

语法教学应注重活动的多样性、话题的多样性、课堂组织的多样性、评价方法的多样性以及教师指令的变化性等。例如，归纳法与演绎法相结合，归纳法更有利于鼓励学习者积极探索，以发现规则，满足求知的欲望，形成学习的内在动机；隐性语法教学（implicit grammar instruction）与显性语法教学（explicit grammar instruction）相结合，以隐性教学为主，适当采用显性教学，通过隐性教学培养学习者的语言使用能力，通过显性教学增强语法意识；语法教学与听、说、读、写活动相结合，语法应服务于听、说、读、写各项技能，语法教学应该在听、说、读、写的活动中培养，以实现服务于交际的目的。

（4）激发学习者的语法学习动机

学习动机是开展一切学习活动的保证。为了激发学习者的语法学习动机，语法教学中要注意选择恰当的语法内容，尽可能创设真实的语境，以适合学习者的年龄、认知能力与语言水平，同时贴近学习者的生活经历。

（四）文化知识组织策略

语言与文化是密不可分的，语言的学习不可能离开文化，在一定程度上，外语教学就是文化教学（cultural instruction）。文化知识教学应当遵循的组织策略主要有以下四个方面：

（1）系统地组织文化知识教学活动

在外语教学中系统地添加一些文化内容，如在教材中专门设立文化专栏，举办文化讲座、组织文化欣赏活动等，促使学习者系统地掌握所学外语国家的基础文化知识。

（2）将文化知识目标和态度目标、能力目标等融入外语教学

在外语教学中将文化知识目标、态度目标、能力目标等融入其中，如采取文化会话、文化合作、文化表演、文化交流等方式进行外语课堂教学，引导学习者在语言学习过程中接受文化教育。

（3）通过师生活动感知文化差异

在外语教学中，教师与学习者作为不同文化表现者参与文化互动活动，如师生相互讨论某一文化现象，通过文化疑惑解析、文化冲突化解、文化专题研究等方法，引导学习者感知文化之间的差异，形成开放、平等、尊重、宽容的文化态度。

（4）通过学习者直接参与文化交往获得文化知识和文化体验

学习者在外语教学中直接参与文化交往，如通过面对面的交往或网络交往等直观的方式，在潜移默化中获得文化知识，养成积极的文化态度，形成有效的文化能力。

二、课堂活动组织策略

课堂教学活动是最主要的学校教学活动，与课外活动相比较，其目的性更

强，学习效率也更高。中小学英语课堂教学活动大致分为知识与技能的展示和呈现、语言知识与技能训练、语言应用实践及策略、学习评价等环节。当然，这些环节可以根据具体的教学要求，按照不同的顺序展开，而且常常在课堂教学中交替进行。此处将从 PWP 教学活动组织策略、任务教学活动组织策略、自主学习活动组织策略三方面加以论述。

（一）PWP 教学活动组织策略

PWP 教学模式是强调学习过程的一种教学方式，而不仅是学习结果。此模式常用于听力、阅读等教学中。听力理解和阅读理解常常被误认为是被动的过程，而事实上学习者在处理所获得信息的过程中发挥着主动的作用。

以听力理解为例，学习者只有集中注意力倾听对方的话语，将得到的语言输入与自己先前已有的知识建立联系，才有可能理解信息。如果注意力不够集中，或者与听到的信息相关的知识准备不足，学习者就不能理解信息的意义。

再以阅读理解为例，学习者通过视觉对得到的信息加以诠释或重构，并重现所阅读文章作者的写作意图。这个过程不仅是对字面意义的理解，更涉及学习者对语言、社会文化背景以及篇章类型等方面知识的掌握。具体来说，阅读水平高的学习者能够辨认词汇、短语；理解句型结构；了解与所阅读的篇章类型有关的知识；了解与所阅读的篇章内容有关的一般常识。在阅读过程中，这些方面的知识相互影响、相互补充。

因此，听力理解和阅读理解绝非是一个被动接收信息的过程。为了提高教学效果，课堂教学环境下的 PWP 听力教学活动可分为以下三个阶段。

听力前（pre－listening）阶段：通过采用预测、头脑风暴法、提出问题、发现要点或信息等方法，帮助学习者确立听力目标，激活背景知识、展示话题、提高学习积极性，并就相应的语言形式、功能进行训练。例如，为了弥补课堂环境中语境的缺乏，教师在听力前阶段可以给学习者提供与听力材料相关的背景知识，目的是激发学习者的图式知识，以更好地理解听力材料。

听力中（while listening）阶段：这是听力教学中的关键阶段，也是教师最难控制的阶段，因为此时学习者需要高度集中注意力来处理相应的语言信息。例如，听力材料是三个学生谈论各自是否喜欢正在学习的课程的对话录音，教师要求学习者仔细倾听，边听边根据所听到的信息完成下列表格，为了尽量减少答题所需要的时间，以减少对听力过程的干扰，教师可要求学习者采用对号（√）表示喜欢，用叉号（×）表示不喜欢，完成表 8-1 的填空。

表 8-1　对话录音信息答题表

Subjects	Student A	Student B	Student C
History			
Maths			
English			
Chinese			
Science			
Music			
Art			
Physical Education			

听力后（post listening）阶段：教师可通过学习者应用学习到的知识和技能评估听力效果，通过完成多项选择题、回答问题、做笔记并填充所缺失的信息、听写、做出决定等方式，评价是否听懂了相关的信息。需要特别注意的是这个阶段的练习活动应测试学习者对听力材料的理解，而不是考察学习者的记忆。例如，教师采用开放式问题（open questions）来引导学习者展开小组讨论，猜测讲话者的情绪状态，是生气、难过、高兴还是激动？与 PWP 听力教学相似，课堂环境下的 PWP 阅读教学活动可分为以下三个阶段，即：

阅读前（pre reading）阶段：读前阶段具有“导入”特征，教师一般采用各种活动，如预测、介绍文章的背景知识等开展词汇、句法教学活动以激活学习者的背景知识，同时激起学习者对阅读材料的期望或兴趣。例如，为培养预测能力，要求学习者根据阅读材料的题目预测阅读材料的主题内容。

阅读中（while reading）阶段：这个阶段是阅读教学的中心环节。学习者既要理解字面意义，又要依据字面意义展开推理阅读。学习者往往不太容易识记那些以一般的篇章形式呈现的信息，但是如果将同样的信息转化为其他形式，如图片、图表、地图、树型图、柱状图、流程图等，就会大大提高信息的处理速度和记忆保持时间。

阅读后（post reading）阶段：教师引导学习者根据所读的内容开展一些评价或应用性活动，如讨论、角色扮演、填充信息（gap filling）、重述、发现错误信息、写作等。以发现错误信息为例，教师提供给学习者一个阅读材料的内容摘要，但是摘要中存在一些与阅读材料中内容不符的错误信息，教师引导学习者依据自己对阅读材料的理解发现并纠正这些错误信息。需要强调的是，角色扮演作为一种经常采用的语言学习活动，可在阅读后阶段运用，这样既能够激发学习者的学习动机，又为学习者提供使用语言的机会。

（二）任务教学活动组织策略

任务教学过程强调引导学习者完成真实的学习任务、积极参与学习过程的重要性，倡导以语言运用能力为目的。鉴于目前我国外语教学在学习方式、时间限制、师生比例等方面的特点，对于处于基础阶段的学习者来说，切实可行的任务教学的课堂教学程序包括任务的准备、任务的呈现、任务的开展、任务的评价四个阶段。

任务的准备阶段是指在学习者学习新语言之后，运用所学新知识完成任务之前，教师向学习者介绍完成学习任务所需要掌握的语用知识，强调语言表达过程中的正确性（accuracy）和得体性（appropriateness），目的是为接下来的任务完成做好准备。从教师角度来说，语言使用呈现的关键就是促使学习者理解完成学习任务所需要的语用要素。要做到这一点，教师自己必须把握好教学内容的语用内涵，并根据任务的需要进行准备。

在教学实践过程中，任务的呈现通常跟在语言学习之后，以引导学习者发现、教师提示、教师讲解或师生合作归纳等方式进行。尤其是那些难以把握或学习者自身难以察觉的语用内涵，教师要采用详细讲解、生动演绎的方式进行，以便学习者准确把握相关的语用内涵。

在开展学习任务的过程中，教师应认识到任务的教学目的与任务的结果并不相同，认识到这一点对于开展真实运用任务和真实学习任务都是至关重要的。

在任务的评价阶段，教师通过观察、访谈、日志、讨论、问卷等方式，引导学习者对学习过程加以反思，即对任务完成过程进行有意识的反思。

以任务阅读教学为例，教师在借鉴和吸收任务教学法的基本理念和方法的基础上，强调阅读目的，注重阅读活动的真实性，旨在培养学习者的阅读兴趣，学习者通过完成真实的阅读学习任务提高阅读理解能力。教师根据阅读材料布置阅读任务，引导学习者借助网络系统、图书馆等信息渠道获得相关的背景知识，以多种形式展示阅读任务完成情况，如角色扮演、海报、张贴画、手抄报、图表、专题报道等等。教师结合任务完成的情况，一方面进行词汇、句法方面的专项训练，以巩固语言知识；另一方面，还要引导学习者反思自己在任务完成过程中所使用的学习策略，结合学习者的具体策略使用情况，进行必要的学习策略讲解和策略培训。

（三）自主学习活动组织策略

自主学习活动强调应根据自主学习的理念为学习者创建支持性的学习环境，使学习者之间形成良好的协作关系，学会自我管理和自我评价，逐渐成为自主学习者。因此，为学习者创设和谐、互助、自主的环境是自主学习教学过程的核心部分。也就是说，教师向学习者提供一定的阅读材料，以学习者自主学习为主，以相互学习和教师指导为辅，促进学习者的知识和能力的发展。由于自主学习教学过程能够促使不同的人获得不同的发展，实现差异性教学，激发和增强学习者的学习兴趣，因此有利于学习者主体作用的充分发挥，能较好地实现教学的情感目标。

思维情境是激发学习者自主学习兴趣的动力源．这种具有知识性、趣味性和讨论价值的“可学习”特征的材料能够引发学习者的好奇心，贴近学习者的知识和体验，落在学习者最近发展区，这样学习者就更容易入情入境，对学习活动产生浓厚的兴趣和强烈的探索欲望，自主学习行为的产生也就成为可能。

三、课外活动组织策略

在我国，英语学习是在汉语环境下进行的，往往缺乏真实性，而且还存在英语学习时间不足的问题。因此，课外的语言学习活动，如与英语本族语者交谈、看英文电影、看英文电视节目、阅读英文小说、用英语写电子邮件等，是实现英语教学目标的不可或缺的补充性教学活动。通过组织丰富多彩的课外活动，学习者能深刻理解所学的语言知识和技能，并自觉地将所学知识和技能加以应用，培养英语交际能力。

教师应在组织课外活动的过程中起引导的作用，例如，教师向学习者推荐供课外阅读的英文小说。当然，教师在课外活动组织过程中不可干预过多，否则，就有可能减弱学习者的积极性。

课外活动组织分为大型的课外活动和小型的课外活动。戏剧表演是可以定期开展的大型课外活动之一，可用来巩固和评价所学语言知识和技能。这类具有创造性特点的课外活动非常有利于发挥学习者的主观能动性，同时还能促进学习者之间的团结与合作。开展英语歌曲比赛、英语角、英语报刊或手抄报等带有综合性特点的实践活动也属于大型的课外活动，为学习者运用所学语言知识和技能提供了很好的机会，学习者相互合作，有利于培养集体荣誉感。

开展这类大型的带有综合性特点的实践项目都应该有一个主题明确的活动方案、相应的图示和文字说明。由于开展这些活动的目的是巩固已学知识和已经形成的语言技能，因而，这类活动应定期开展，而且安排时间也要适当，通常可以安排在期中、期末进行，也可以安排在英语节、艺术节等活动期间进行。值得注意的是，此时参与者是否使用英语是对学习者的表现或作品的重要评价标准之一。

经常性的课外活动多属于小型活动，通常指由学习者一个人或一组开展的活动。例如，教师引导学习者参与游戏；经常采用讲故事的方式呈现或练习所学语言知识，能够非常明显地提高学习效果；学习者用英语写日记，有条件的可以建立自己的英语博客；学唱英语歌曲和歌谣是练习所学的内容，如语法结构、语音规则、词汇和句子韵律的有效方式。这些活动有利于提高学习者使用语言的流利程度，并增强学习者对所学内容记忆的效果。

四、教学形式组织策略

在现代教育中，教学组织一般分为三种基本形式：班级教学、小组教学和个人学习。

个人学习是人类历史上最早出现、也是最本质的学习形式。在人类社会分工之前，原始人类的教学都是手口相传的形式。随着人类的社会化分工，教学需要强调规模效益，班级就开始出现了。在班级教学中，教师会根据不同的学习风格、学习基础等，把学生分成若干小组进行教学。

在具体的教学中，我们往往会根据学生情况、教学内容等，结合使用三种不同的组织形式，因为教学的这三种组织形式各有所长，也各有所短，适合使用的条件和对象也不同。

在英语课堂教学中，我们讲解课文或说明语法内容时，通常会采用班级授课的方式；在组织任务实施时，我们通常会将学生分成小组；而对于需要记忆、背诵内容的学习，我们自然只能依靠学生自己个人的努力去完成。

当然，我们应该根据教学需要，最大效度地使用不同的教学形式。以小组教学为例，我们应该尽可能根据教学目标，将学生分成小组。若任务需要不同能力学生的配合才能完成，我们就应该根据学生的能力水平，把不同能力的学生分在同一小组，而不是把同一能力水平的学生分在同一小组。但若任务是需要同一能力水平的学生才能完成，就自然应该根据学生水平分小组。

只有一切从学生出发、一切从学习出发，我们才能最大限度地选择恰当的组织形式。

五、教学传递策略设计

（一）输入策略

语言输入（Input）指在语言学习过程中，学习者接触作为学习目标的语言内容的过程。语言输入是语言学习的重要条件和前提，因此，教师应特别注重研究和利用心理学的基本原理，掌握作为语言输入的语言知识与功能的展示策略，以促进学习者对语言输入相关信息的理解和应用。

1. 展示听的技能

作为人类口头交际活动的基本形式，听总是领先于说。听不仅是接收和理解声音符号信息，更是积极思考、重组语言信息、创造性地理解和吸收信息的心理语言过程。因此，在展示听的技能时，应注意以下方面。

（1）听力材料的真实性

真实性指听力材料的语言要力求真实、自然、地道，反映出英语本族语者使用语言的习惯，具有真实交际意义。

（2）听力材料的可理解性

可理解性指听力材料作为语言输入在难度上应具有以学习者现有的知识结构为基础，但又稍微高出现有能力的特点。

（3）听力材料的多样性

多样性指听力材料的题材和体裁多样化，目的是促使学习者接触丰富多彩的语言，尤其是在不同交际场景中的语言使用。为了扩大语言输入量，教师应结合教材内容，为学习者补充适当的辅助听力材料。

（4）学习者的语言知识、背景知识水平

教师应意识语言知识是听力理解的基础，听者必须具备一定的语音、词汇、语法知识；同时，学习者还要对听力材料中涉及的人物、场景、文化背景、风俗习惯、生活方式、价值观等方面的背景知识有所了解。

（5）学习者的情感状态

学习者的学习动机、自信心、焦虑等情感因素直接影响听力理解水平，教师应帮助学习者树立自信，以轻松、愉快的心理去听，保持思维的活跃性，提高听力效果。

2. 展示说的技能

同听力一样，说的能力也是人类言语交际活动的基本形式。说话者借助已有的语言知识和规则创造性地运用语言，是大脑积极思维的过程。教师应借助一系列的教学活动实现语言规则的内在化，避免学习者从母语到英语的“心译”过程，实现直接流利地表达思想和情感。因此，在展示说的技能时，应注意以下方面。

（1）先听后说

根据理解先于表达的认知特点，教师在展示说的能力时，要本着先听后说的原则，一是要针对语音或知识点，教师在展示过程中要求学习者听清听准，然后再口头模仿。二是要重视语言理解，教师在展示过程中促使学习者接触大量语言信息，并逐步实现语言规则的内在化，学习者积极吸收和扩充语言知识，以培养语感。

（2）口语活动的多样化

在英语教学中，学习者从学会发音、模仿到在交际场景中运用语言连贯地表达思想是一个漫长的过程，口语活动应多样化，如模仿、简单的问题回答、机械操练、意义操练、交际活动、小组活动、角色扮演、解决问题、自由表达等等。

（3）学习者的语言水平

口语活动的展示应考虑学习者的语言水平，如语言能力和语用能力。语言能力是口语表达的前提，正确的语音语调、一定量的词汇和语法知识积累都是培养学习者口语表达能力的基础。在口语交际过程中，学习者应具备一定的语用能力，即根据具体交际场景和上下文，调动已有的文化背景知识和个人体验，得体地使用语言，实现交际目的。

（4）学习者的情感状态

教师在展示说的能力时，应尽力创设交际情景，鼓励学习者大胆表达，促使学习者以自信、积极的心态参与学习活动。

3. 展示读的技能

读是人类书面交际活动的基本方式，是通过视觉感知语言符号获取书面信息的行为，更是从视觉感知语言符号到完全理解书面材料意义的过程，也是与语言知识、文化背景知识、个人经验等相联系的认知加工过程。时代的发展，尤其是计算机技术的广泛应用，大大促进了信息的交流，英语阅读愈加凸显出其交际活动的本质特点。因此，在展示读的技能时，应注意以下方面。

（1）阅读材料的真实性

真实的阅读材料往往为本族语者所用，如英文报纸、电视、电影中的英语材料等；非真实的阅读材料指专门为学习外语的人设计的学习材料，如词汇和语法知识等会做特别考虑和处理。介于两者之间的阅读材料尤其适合外语环境下的学习者，这类材料既兼顾真实性，又考虑学习者的语言水平，非常有助于提高语言水平和语言技能，为今后阅读理解真实的材料做好充分准备。

（2）阅读材料的可理解性

阅读材料的真实性与可理解性并非完全对应：真实的材料未必可理解，可理解的材料未必真实。尤其是对初学者来说，材料既应真实，又要具有可理解性，才能有效提高学习者的阅读技能。

（3）阅读材料题材的广泛性、知识性和趣味性

阅读材料的题材应广泛，文章内容应包括不同的知识范畴和文化背景，教师应引导学习者了解和掌握不同体裁、题材的作品。同时，阅读材料内容应新颖、有趣，以激发学习者的学习兴趣，提高学习动机。

（4）学习者的语言水平

阅读过程始于视觉感知语言符号，学习者必须掌握一定的语音、词汇、语法等语言结构知识。学习者的背景知识和个人经验构成了“认知图式”，图示知识与语言结构知识共同形成了学习者理解所读内容的前提条件。

（5）学习者的情感状态

兴趣是影响学习者阅读能力的重要因素之一，学习者的阅读兴趣愈浓，则其阅读量愈大，阅读面愈广。为了培养学习者的内在阅读兴趣，阅读材料的选

择必须难度适当，力求实现知识性与趣味性的统一，以帮助学习者在提高语言知识的同时，充分享受阅读带来的愉悦感。

4. 展示写的能力

作为人类日常交际中的一种表达性技能，写是将思想转变成语言文字符号的过程。在英语教学中，不同的学习阶段对写有不同的要求。起始阶段的写作活动是为高级阶段的交际性的写作奠定基础，促使学习者最终能够使用英语、自由地表达思想。因此，写作应注意以下方面。

（1）写与听说读技能的结合

任何一项语言技能的培养都不可能是孤立的，只不过是在单项训练时有所侧重而已。写的能力应与听、说、读能力相结合，例如，听写既有助于提高学习者写的准确性，又能检验理解的正确程度。又如，学习者对段落的仿写、改写、写出摘要等活动都是在阅读基础上完成的，如果让学习者先说再仿写、改写，既可减少表达的错误，又可降低写的难度。

（2）学习者的语言水平

写的技能培养受到学习者的语言水平的限制，如语言能力、语用能力等。书面语比口语更正式、更复杂，要求表达上的精确程度较高，学习者应掌握丰富的词汇，能够准确、恰当地表达思想，而且学习者还要学会运用不同的语言形式表达特定的意义。同时，学习者还应考虑读者的文化知识和背景知识，在写作中恰如其分地传递信息。

（3）写作活动的多样性

写的活动应根据学习者的语言水平采取多种多样的方式，如书写、抄写、听写、段落仿写或改写、句子或段落扩写、看图写作、按照提示写作、课文缩写、文章改写、自由表达等。

（4）学习者写作动机的激发

教师应尽可能地结合学习者的生活实际和思想感情，为学习者创设问题情景，挖掘交际题材，捕捉学习者的兴趣点，促使学习者产生表达的愿望，使他们有话可说，有情要抒。

5. 任务输入策略

任务教学倡导通过教师的充分指导促进学习者积极地投入知识的心理建构过程，促进新旧知识相互联系的同时，引导学习者产生主动学习的心理倾向。输入策略包括以下方面。

（1）学习者先前知识的激活

学习者借助教师的充分引导将新信息与先前知识整合成更高层次的知识结构，例如，教师提供一些核心概念，以语义联系的方式激活学习者原有知识，作为接收新信息的基本框架；或以提供典型范例的方式使抽象的讲解变得具体、形象，更有利于学习者的理解。

（2）各项技能的使用

同样的新信息可以通过多种感觉通道展示给学习者，例如，阅读材料的展示既可以通过视觉的形式，也可以通过听觉的形式，也就是说，既涉及读的技能，又涉及听的技能。但是，如果多种感觉通道提供的信息量超过一定的度，或两种感觉通道呈现的信息完全无关且信息量过大时，学习者则难以接纳，从而降低了教学效果。例如，教师留出一定的时间让学习者阅读和理解教材或黑板上的与学习任务有关的内容，如果此时教师还在滔滔不绝地讲解，反而会使学习者无所适从。

（3）难度适中的任务

教师在呈现学习任务时应确保任务难度适中，因为学习者对过难的学习任务常常会望而却步，对过易的学习任务又难以引发学习的兴趣。在任务设计中要安排适度的不确定性，以引发学习者进一步探寻的兴趣。

（4）引起学习者注意

任务呈现应为学习者新近体验到的不同内容，但呈现方式和内容应简洁明了，避免杂乱、无关的信息分散学习者的注意力。例如，在使用多媒体手段呈现信息时，删除无关的背景信息及不必要的细节内容，以突出重点。

（5）激发学习者的动机

如果任务难度适中，呈现方式灵活且富有趣味性，学习者更有可能产生对学习的兴趣，从而产生积极的、愉快的学习欲望。例如，教师可通过布置课前学习任务对学习者的期望施加影响。

（二）吸收策略

外语学习过程中语言输入与语言吸收（intake）有着本质的区别。语言吸收是指学习者在接触作为学习目标的语言内容后摄入目标内容的过程。作为输入的语言，因为语速过快或呈现速度过快，或者因为难度过大，学习者不能理解全部的语言，那些无法理解的语言就不能成为学习者的吸收语言。

言语是行为，因为语言行为是人类社会化的交际手段。同时，语言也是知识，因为语言知识是人类社会行为内化的结果。具体到外语教学，语言训练可以促使学习者掌握英语语言本身的结构和规则及相关技能。英语知识结构大体包括语言结构和语言规则两方面：语言结构指语音、词汇、句法、语篇结构；语言规则指语法规则。显然，学习者掌握语言的结构和规则能完善语言使用的正确性，监控语言运用过程，修正错误；同时，也有助于学习者生成多种句式，灵活表达思想。也就是说，语言训练是促使学习者更快、更好地吸收语言的有效手段。

1. 促进吸收的语音教学活动

对于中国学生的英语语音学习，节奏常常是学习的难点。节奏包括重音、长短、连读，其中重音起决定性作用，即节奏与句子重音和词的重音关系密切。英语中大量单词有两个以上音节，其中有的音节强而有力，被称为重音。单词重音的变化有时会引起词义的改变。例如：

All pupils 'present this morning. （形容词）

The little boy gave the 'present to his grandma. （名词）

He pre'sented him with some pens. （动词）

All pupils are 'present this morning. （形容词）

The little boy gave the. I present to his grandma. （名词）

He pre'sented him with some pens. （动词）

同一个单词 present 在上述句子中因重音不同，单词的意义也相应发生变化：在第一个句子中，present 的重音在第一个音节上，作为形容词使用，意思是“在场的”；在第二个句子中，present 的重音虽然也在第一个音节上，但作为名词使用，意思是“礼物”；在第三个句子中，present 的重音在第二个音节上，而且作为动词使用，意思是“赠送”。

She is　　　　　　　　　　a student.

My sister is　　　　　　　　　　a good student.

John's younger sister is　　　　　　　　　　a very good student.

She is a student.

My sister is a good student.

John's younger sister is a very good student.

事实上，句子节奏与各音节间发音时间长短有密切的联系，句中重读音节的学习者的句子节奏掌握不准，无法形成地道的英语发音，尤其是在班级集体朗读时教师更要注意避免这类情况的发生。

2. 促进吸收的词汇教学活动

掌握词汇的音、形、义三种结构要素是开展词汇知识教学的基本内容。

音：音是词汇的物质外壳，人类在口语交际中凭借词的声音理解来表达意义。

形：形是词汇的书面形式，词形是在口语的基础上产生的记录语音的书面形式符号。

义：义是人类心理认识活动对一类事物进行概括的反映词义。又分为具体意义和中心意义。具体意义是指词与词所代表的客体的关系，中心意义是指词与概念的直接联系。

在语言交际中，首先要在音和代表客观世界的意义之间建立联系。词汇作为符号，是音和义的统一体。没有意义，词音和词形的结合就缺乏内容，语言交际就无从谈起。没有词音就谈不上词形，没有词形就无法使用书面语进行交际。因此，无论是口语交际还是书面语交际，必须建立音、形、义的紧密联系。首先形成词音和词义的联系；其次，形成词音、词义和词形的联系；最后，达成词音、词形和词义之间的直接联系。

语言最基本的功能就是作为人类的交际工具，语言能力具体表现为听、说、读、写四个方面的技能。英语教学只有通过社会交往活动才能培养学习者的交际能力，教师与学习者、学习者与学习者之间用英语开展交往活动是帮助学习者获得有效语言输入的主要途径。

3. 促进吸收的听力教学活动

以听力技能培养为例，听的过程涉及生理学、语言学和心理学等方面因素，它既包括对语言知识的辨认，又包括对语言内容的信息加工处理。因此，听力技能覆盖了语言的不同层次，涵盖多项“微技能”（micro skill）：

·听辨语言知识特征，例如，能够区分因素之间的差别，识别词的缩略形式和词尾变化特征，认识重音、节奏、语调所反映的讲话者的说话或感情特征等。

·听辨功能词和话语标记，例如，学习者借助一些话语标记，如 for example，however，if，but，nevertheless 等来判断语篇上下文的呼应关系，正确理解讲话者的表达思路。

·听辨话语的交际功能，例如，学习者根据谈话的场景、参与者的特征和谈话所得到的交际目的等线索识别话语的交际功能。

·猜测意义的能力，例如，学习者根据已经掌握的语言知识和图示知识猜测生词的意义；甚至当漏听或错听有关信息时，学习者依据上下文所提供的信息猜测该部分的正确意义。

·预测、推理的能力，例如，学习者根据发生的事件和内在逻辑关系，预测结果，推测出可能存在的因果关系，寻找论点、论据、归纳、例证等重要信息。

4. 促进吸收的口语教学活动

口语技能培养应遵循下列原则：

·从形式操练到交际性活动的循序渐进原则

语言教学中的许多口语活动是以语言形式为中心，目的是帮助学习者掌握语言的发音、词汇、句型结构等。为了培养学习者的交际能力，口语教学应更多地重视意义的表达，但这并不否认操练的必要性和重要性。从注重形式到注重意义的过渡并不一定与学习者的学习阶段完全对应，每个阶段（如小学、初中、高中）都有不同种类的训练活动，即使学习者在语言学习初级阶段也可能进行交际活动。

·尽可能为学习者创造开口说英语的情景

针对有些英语学习者怯于开口讲英语的现象，教师应结合实际生活模拟情景，努力营造浓厚的语言氛围，利用积极的情感反馈，消除心理障碍，鼓励学习者积极参与课外活动，培养学习兴趣，体验成就感，获得学习英语的内在动力。

·正确对待口语表达的流利性和准确性

口语表达的流利性强调意义的完整表达，而准确性强调语言形式的正确使用，过于重视流利而忽视准确，很可能使语言难以理解；过于重视准确而忽视流利，则可能使意义表达缺乏连贯性。以纠错为例，过分重视流利性而很少纠错可能导致学习者形成错误的语言表达方式，在交际中影响听者的理解，影响交际的顺利进行。过分重视准确性而经常纠错可能导致学习者情绪焦虑，或对英语学习产生抵触心理。

5. 促进吸收的阅读教学活动

阅读技能也是由一系列微技能组成的：

·识辨语音、词的特征和语法关系，以理解语言的表层意义。

·预测阅读内容，学习者在阅读过程中不断验证和修正自己的预测，这正是学习者（读者）与阅读材料作者之间的互动关系。

·获取特定细节，即快读（scanning），目的是获得某些特定的细节信息。

·获取主题要旨，即略读（skimming），目的是获得阅读材料的主题大意。

·推断隐含意义，学习者借助各种线索理解语言表达的引申意义，推断作者隐含的观点、态度。

·猜测词义，学习者根据上下文的信息和句法、语法关系猜测词义。

·识辨语段标志，学习者根据语段标志，如 for example，in other words，that is to say 等理解篇章结构。同时，学习者也应当能够识辨篇章的粘着手段（cohesive devices）和呼应手段（coherent devices），以理解阅读篇章的组织形式。

教师在训练阅读技能时，应引导学习者有目的、有重点地使用某种阅读技巧，开展针对性训练。而且，阅读技能训练的活动应多种多样，如多项选择、判断正误、回答问题、完形填空、信息转换练习等。

6. 促进吸收的学习策略教学活动

事实上，学习策略的运用也是促进学习者语言吸收的有效手段。学习策略指能够有效实现学习目的、学习者有意识采用的学习行为及方法。培养学习者的策略意识就是指培养学习者在学习过程中的自我监控能力、自我调节能力，以提高自身的认知操作水平。具体来说，策略培养就是提高学习者对自己认知过程的思维，是大脑对信息的表征、组织、储存、提取过程的思维。根据学习者的心理过程特点，学习策略可分为元认知策略（meta cognitive strategy）、认知策略（cognitive strategy）和情感/社交策略（affective/social strategy）。

元认知由元认知知识、元认知经验及元认知监控三部分组成。例如，计划、自我管理、自我监控、自我评估等。学习者能够充分利用各种学习资源促进目的语学习，主动拓展接触目的语信息的渠道，寻求学习机会，也属于元认知策略。此外，学习者通过各种手段分析学习中的任务需求、语言需求、注意力需求、情感需求，并根据各项需求分析安排自己的学习能力也属于元认知策略。有声思维（think aloud）是培养学习者自我监控、自我管理意识的一种有效方式，譬如，教师引导学习者在阅读过程中说出自己对阅读信息的理解，使他们学会思考、预测和验证，形成自我监控力。

认知学习策略指学习者为了解决具体学习问题而采取的学习策略，按照语言的听、说、读、写各项技能来说，可以分为普遍适应式学习策略（context free learning strategy）、词汇策略、听力策略、阅读策略、写作策略等等。普遍适应式学习策略不受学习目的和环境的影响，适用于多种学习目的和活动，这类策略包括联想、概括、演绎/归纳、词义猜测等。

情感策略/社交策略属于非智力因素。情感策略的目的是为了帮助学习者在学习过程中保持良好的情绪状态，如移情，即通过换位思考等方式体验他人的情感。其他常见情感策略有析疑、合作、自我激励等。常见的社交策略有合作、求助、寻求与他人用目的语交流的机会、释义、非语言交际等。例如，教师引导学习者通过合作解决独自一人可能难以解决的问题，可以提高学习者的自信心，减少焦虑感。

（三）输出策略

如果说，语言输入是指学习者听到或阅读到的并能作为其学习目标的语言信息，那么据此类推，语言输出（output）就是指学习者产生语言成果的过程，包括语言知识的输出和语言技能的输出。

语言知识通常指语音、词汇、语法规则等方面的知识，学习者对这些知识的掌握程度关系语言表达的准确性。正确的语音、语调不仅是口语交际的声音符号，更是交际者有效传达信息的重要手段。词汇是句子的组成成分，学习者必须掌握丰富的词汇，才能准确、恰当地表达思想。语法规则知识是学习者组织词汇、句子进行言语表达的基础。如果学习者缺乏基本的语言知识，就不能正确表达，交际的有效性也就难以保证。因此，语音、词汇、语法规则是组成语篇材料的基石，是将思想转为言语或文字的重要手段。尤其是在书面语表达中，语言知识运用要更加正式和复杂，无冗余性也更强。

以词汇阅读为例，英语初学者往往见词不会读，听音不会写。其中的原因有二：一方面是汉语和英语分属两种不同的语系，汉语是表义文字，英语是拼音文字。因此，学习者感知和掌握英语拼音文字非常困难；另一方面英语字母和字母组合的音与它们的拼法又非常不一致。例如，同一个音［iː］可以由许多字母和字母组合来表示：

e	he	we	
ee	bee	sleep	meet
ea	tea	teach	teacher
ei	receive		
eo	people		
i	machine		
ie	believe		

按照人类大脑信息加工处理特点，学习者必须接收一定的来自语言环境的信息刺激，这些信息输入大脑后，经过学习者的情感过滤，运用相关的英语发音知识、发音技巧和注意、知觉活动，对语言输入信息加以分析处理，从中分析出字母、字母组合的读音，进而按照拼音规律对信息进行综合编码，并拼读单词。从语言教学角度看，就是教师应按照字母、字母组合读音规则拼读或拼写单词。

英语释义（paraphrase）是能够促进学习者应用语言知识的有效途径。培养学习者用英语释义的能力，能促进学习者使用目的语，巩固和扩大词汇量，培养英语语感，为英语学习者在真实的英语课堂教学情景中运用英语技能开展交际活动打下基础。例如：

——conviction

释义：If you have conviction，you have great confidence in your beliefs or opinions.

——pathway

释义：A pathway is a path which you can walk along or a route which you can take，or a particular course of action or a way of achieving something.

——tear away

释义：If you tear away from a place or activity，you force them to leave the place or activity，you force them to leave the place or stop doing the activity，even though they want to stay there or carry on.

尤其需要强调的是，学习者对语言知识的应用离不开对文化背景知识的了解。由于各民族所在的社会文化背景和地理环境差异，形成了不同的思维条件和思维方式，构成不同语言之间的文化差异。例如，在西方，人们习惯用蓝色（blue）来表示“沮丧”“消沉”，但在中国文化中蓝色却被用来表示“肃穆”“庄严”。

在现实交际过程中，任何语言技能的应用都不是孤立的，语言的交际性决定了外语教学中技能应用活动的交叉性特点。而且，许多外语教师在教学过程中发现，学习者的听、说、读、写能力的发展从来都是不平衡的，有些学习者善于发挥语言的接收功能，如听、读及对他人言谈的洞察力和理解力；而有些学习者善于发挥语言的表达功能，如说、写及对自己思想和情绪的表达。

因而，语言的交际性、学习者的语言技能发展的不平衡性，加上听、说、读、写各项技能之间的交叉性特点，决定了外语教师在开展语言功能应用训练时应当认识到，听说能力与读写能力是相辅相成的关系，抓好了听说教学有助于读写能力的提高。同理，学习者读写能力的提高对其听说能力又能起到很好的促进作用。

以听力技能应用为例，作为一种交际性的言语活动，听力技能应用离不开其他技能活动，如仿说、写作、阅读、动手做、计算、绘图、填表、判断等。听力技能应用也只有与其他技能的应用相互结合方能显现出其交际性的本质特征。这类具有交际意义的技能应用有三方面的作用：一是为教师提供即时反馈，使他们及时了解学习者的学习进度和理解程度；二是使学习者的学习兴趣和动机维持在较高的水平上；三是降低学习者的焦虑程度，以积极、自信、轻松的心理状态参与学习活动。

又如，阅读是学习者获取知识、发展智力、陶冶情感的重要途径，也是学习者作为读者和文章作者相互交流的言语活动。阅读涉及学习者三方面的能力应用：认知能力、语言能力和文字组织能力。认知能力是指读者了解的有关外部世界的常识；语言能力是指学习者掌握的语音、句法、语义知识；文字组织能力是指学习者对阅读材料中的篇章类型、文体特征、推理、隐含意义等方面的关注。我国外语教学实践一向注重阅读技能的培养，并积累了丰富的教学经验。随着时代的发展，阅读在英语学习中的地位也得到重新认识。鉴于我国中小学英语教学缺乏自然习得语言的社会环境，阅读成为提供语言输入的重要途径，教师鼓励并引导学习者在课外进行广泛而有效的阅读，培养学习者的交际性阅读能力。大量的阅读能丰富学习者的词汇量，巩固对所学的语音、句法、语义等语言知识的掌握，减少学习者在听说过程中的语言障碍，使写作过程也变得相对容易。

再以写作为例，作为一种将大脑中的思想转变为意义符号的笔语活动，写作能力的训练并不限于笔语活动，它总是和其他技能应用（听、说、读）紧密联系在一起。

写作能力与口语能力的相互促进。教师首先引导学习者口头操练单词、短语，句子结构或背诵篇章，熟能生巧，引导学习者将口头掌握较熟练的单词、短语、句子或话语、篇章写下来，或用单词或短语造句，这样既能使写作任务相对容易，减少写作中的错误，又能逐步培养学习者对学习的兴趣。随着学习者程度的提高，可采用仿写、改写、缩写、按照提示写、看图说话的形式，先引导学习者讨论，然后根据讨论得到的信息结合自己的理解以文字形式表达出来，既减少学习者笔语表达中的困难，又为那些学习水平较差的学习者提供模式的样本。

写作能力与阅读能力的相互促进。阅读是学习者获得语言输入信息的重要途径，通过阅读，学习者能扩大词汇量，拓宽总体的知识面，增强英语语感，提高阅读技能，如写日记、写信、写明信片、写邀请函、写备忘录、写通知等，这类自由表达活动更是要以大量阅读为积累的。

写作能力与听力的相互促进。听写指对字母、单词、短语、句子、段落、篇章的听写，是一种精听（intensive listening）与写作技能的应用。听记一般是边听报告或讲座边记笔记的泛听（extensive listening）与写作能力的应用，显然，这是一种较高层次的写作。写作能力与听力的结合一方面训练学习者写作表达中的准确性和有效性，巩固所学内容；另一方面，它也检验学习者听力训练的结果。

学习策略的运用也是促进学习者输出语言的有效手段。外语学习者的策略应用能力是在长期的学习过程中逐步发展起来的，对于初学者来说，英语的语音、语调、句子、会话、语篇等让他们感到很新奇。他们尚不具备自我监控和自我调节学习认知活动的经验，因此，教师的外在指导和督促对他们起着不可或缺的作用。随着学习者的语言知识、技能、语言运用能力的不断提高，学习者逐步形成了具有自身特点的学习策略和学习方法，对学习过程的自我计划、自我监控和自我调节意识不断发展和增强。

即使初学者在学习的开始阶段对自我观察、分析和监控有所意识，此时所进行的监控也只是局部的，如针对英语语音、词汇、句子和对话等部分内容。教师在教学过程中应当重视认知知识的讲授，并督促学习者在学习过程中积极运用，使认知知识的实际运用得到强化和巩固。同时，教师还要重视认知体验的培养，例如，在学习了购买学习用品的英语对话的基础上，努力创建与所学内容类似或至少相关的交际场景：购买食物或衣物等，引导学习者仿照所学对话开展交际活动，直至学习者能够在类似场景中掌握自由对话的技能，目的之一就是激发学习者的认知体验。获得真实交际的体验。随着学习者认知知识、认知体验的增加和监控能力的发展，学习者的自我监控能力从局部转向整体，即从语音、词汇、句子、对活逐步延伸和扩大到听、说、读、写交际能力层面，乃至智力发展、全面发展和素质教育之中。

以学习者的口语交际能力发展为例，学习者在学习初期往往不具备学习策略能力，表现为交际对方怎么问他们就怎么答，交际对方跟他对话时他（她）才开口，很少能自己引发交际行为的发生或维持话题的继续，更谈不上改变谈话主题，导致交际双方不能有效地沟通信息和进行意义协商。事实上，策略的应用也是口语交际能力的重要组成部分。因此，外语教师在教学中应有意识地培养学习者在口语交际中的策略能力。当学习者在交际活动中未能听清或听懂交际对方的话语时，教师引导学习者通过重读、突出语调等方式强调某些词，如 What does the word X mean Huh Excuse me What 等，请求说明或重复。当学习者在口语表达过程中需要整理思路时，教师告诉学习者可采用一些插入语，如 Uh，I mean well 等，以求赢得思考时间。当学习者作为交际者发现交际对方尚未理解自己所表达的意义时，可以采用英语释义（paraphrase）的方式，换成另外的结构或表达方式，或者举例说明，如 For example，for instance，such as 等，以保证交际的顺利进行。当学习者作为交际者发现交际对方有些分神时，可以采用 Hey，Say，So 等方式来引起注意。同时，教师也应当引导学习者运用一些习惯套语、体态语和面部表情等非言语手段，作为言语交际策略的辅助手段。

以听力策略培养为例，在听力练习中，教师可引导学习者采用相关的学习策略提高听力效果，采用的策略包括以下方面：寻找关键词和非言语线索；根据听到的语境信息判断交际者的目的，以此将语言信息与学习者作为听者的认知结构相互联系。激活学习者大脑中的图式；根据上下文猜测生词或漏听部分的意义；领会要点和主题，将注意力集中在语言所表达的内容上，而不是语言的形式上。

随着策略意识的不断增强，学习者逐步将课内掌握的策略延伸至课外学习活动中，自觉地运用相关策略从事言语交际活动。

六、教学管理策略设计

（一）时间管理策略

课堂教学过程是一个动态的过程，教师、学习者、教学环境三者之间发生相互作用，以此促进教学目标的实现。现代课堂管理（classroom management）注重建立良好的课堂环境，保证良好的课堂活动秩序。同时，有效的课堂管理还应当能够保持课堂互动，促进交流，因为课堂活动从本质上说就是一种寻求师生之间、学习者之间对话的实践交流活动。课堂活动的最终目的是促进学习者的持久发展，因而课堂本身也具有持续发展的特点，课堂管理必须调动各种可能的因素，挖掘课堂的活力。

1. 课堂时间的分类

教学时间一般划分为如下四个层次。

（1）分配时间（allocated time）

指教师按照课程表确定的、为某一特定的学科学习确定的时间，在这里特指学习英语这门科目所设计的时间。

（2）教学时间（instruction time）

指教师完成常规管理以及管理任务（如考勤、处理课堂行为问题等）之后所剩余的用于教学的时间。

（3）投入时间（engaged time）

指学习者实际上积极投入学习或专注于学习的时间，属于教学时间，也称专注于功课的时间。

（4）学业学习时间（academic learning time）

指学习者以高度的成功率完成学业功课的时间，输入投入时间。

分配给教学的时间并不如学习者投入学习的时间以及完成学习的成功率那么关键，因为即使教师安排学习者参与教学活动，但如果学习者并不配合，这样的安排显然对学习成绩没什么用。可见，所谓为学习者争取更多的学习时间实质上是让学习者参与有价值的学习活动，从而提高单位时间的学习效率。

2. 时间管理策略

（1）提高学习者参与课堂教学活动的积极性

提高课堂时间利用率的最有效途径就是教学活动要引发学习者的兴趣，提高学习者的参与程度，教师应提供给学习者以较多的积极参与学习活动的机会，尤其要鼓励学习者形成并参与结构完善的合作学习。

（2）保持课堂活动安排的紧凑性

保持教学的良好紧凑性，是保证学习者高度参与学习活动的关键。在一个能够保持课堂活动安排的良好紧凑性的环境下，学习者总是有事可做，并不会被轻易打断。例如，如果教师突然中断上课，花上几分钟去处理一件完全可以课后处理的小事，会对学习者的参与产生极大的干扰，这不仅会浪费学习者的时间，而且学习者过后要更多的时间安定情绪，将思路转回功课上来。

（3）保持课堂活动安排的流畅性

保持课堂活动安排的流畅性是指教师合理而又富有技巧性地将学习者从一项学习活动引向另外一项学习活动，而不是毫无过渡地从一个主题跳至另外一个主题。教师在课堂上如果缺乏活动安排的流畅性，如重复和复习学习者早已掌握的知识，或无端地停止讲课，思考下一个问题或准备材料，都会影响学习者对学习活动的参与程度，影响单位时间的学习效率。

（4）形成课堂活动之间的良好过渡

课堂活动之间的良好过渡指学习者从一项学习活动向另一项活动的变化，如从单词讲解到实物演示，从小组讨论到个体发言等。过渡被视为课堂管理的“缝隙”，最容易发生课堂问题。因而，教师在引导学习者过渡时，应给学习者一个明确的信号，使学习者理解将要进行的活动或内容。

（5）鼓励学习者进行自我管理

如果学习者能学会很好地管理自己，就能大大提高学习时间的利用率。例如，教师通过让学习者参与课堂规则的制定，反思制定某些规则的原因以及他们不良行为的原因，引导学习者考虑他们将如何计划、监督和调节自己的学习行为，并对照规则，反思自己的行为，以补充完善已有规则。当然，鼓励和引导学习者发展自我管理的能力可能要额外的时间，教师也要付出更多的精力，但是，从学习者的长远发展看，这些努力都是值得的。

（二）纪律管理策略

纪律管理是有效教学的重要保证，课堂管理是指那些能够有效鼓励学习者参与课堂学习的话语、行为和活动，而纪律是指评判学习者行为是否适当的标准。课堂纪律是维持课堂秩序的手段，是课堂活动顺利开展的保证。课堂纪律同时还具有社会功能，具有内化道德规范、促进学习者健康成长的作用。

课堂纪律管理包括正常纪律的维持和违纪处理两个方面。维持正常纪律的目的是要建立课堂上的和谐人际关系，这主要包括师生关系和学习者之间的关系。和谐的师生关系表现为教学相长，积极健康，尊师爱生。学习者之间的和谐关系表现为学习者之间互帮互助，团结合作，同时形成积极的竞争关系，既有利于提高学习者积极性，也有利于其潜能的充分发挥。教师要帮助学生在合作和竞争中达到一种平衡，以建立宽松的教学环境。

作为正常人，都具有自制力，能够管理、调节和控制自己的行为。可见，纪律的维持既不是采取生硬的措施来控制学习者，也不是放任自流；既要采取必要的策略维护和谐的课堂气氛，又要给学习者一定的自由度，学习者才会与教师密切配合，共同维持好课堂教学纪律，在和谐融洽的气氛中愉快地参与教学活动。

就课堂纪律来说，预防学习者违反纪律比矫正学习者的问题行为更重要。要想保持良好的课堂秩序，教师应采取下列纪律管理策略。

（1）从教师自身角度出发采取的策略

教师采取各种措施促进良好的纪律管理，比如，教师事先知道学习者的姓名；提问时按照姓名而不是座次；要求学习者在教师讲话前要保持课堂安静；教师更要周密地计划好课堂活动，确保学习者在课堂活动中自始至终都有事可做；公平地对待每一位学习者等。

（2）从学习者角度出发采取的策略

在很多情况下，教师应借助集体的作用维持课堂纪律，例如，教师可以组织小组活动，让学习者互相监督。例如，课堂活动的设计应考虑学习者的个性差异，充分利用学习者的多元智力倾向特点。此外，值日班长制度也体现了对学习者自我约束从而促成纪律策略的作用。

（3）从学习任务角度出发采取的策略

学习任务的设计能够促成良好的纪律策略，比如，教师可以根据所学内容，开发设计一些游戏活动，激发学习者的学习兴趣，促进学习者的参与，自然有利于课堂纪律的维持。

（4）正确处理课堂管理和教学之间的关系

课堂管理与教学具有不可分割的关系。如果教师只是将精力和时间全部投入教学活动上，一味地追求促使学习者解决问题，而忽视了课堂管理系统，后果是极其危险的，因为教会学习者有效利用和控制自己的社会行为与教学习者管理和控制认知同等重要。

事实上，即使面对学习者的问题行为，我们也不主张进行简单的批评或惩罚处理，而是要针对学习者的具体情况，进行认真细致的思想工作，选择恰当的处理时机，循循善诱，动之以情，晓之以理。针对学习者的具体情况，发现问题行为产生的根源，采取适当的措施，使学习者真正认识自己行为的错误所在，从而决心改正课堂上的不良行为。例如，教师采用对待正常学习者一样的做法对待有情绪障碍的学习者，这显然不合适。存在情绪障碍的学习者往往表现为焦躁、冷漠、自卑、娇气、孤僻、涣散、懒惰等，教师应掌握一定的心理学理论，采用心理辅导的方式，帮助学习者正确认识和评价自我，确立自信心，培养学习者的自我调节能力，形成健康人格。

第二节 新时代英语教学过程设计与实践分析

一、PWP 教学过程

我们可以把学习过程划分为学习前（pre learning）、学习中（while learning）和学习后（post learning）三个阶段，这就是 PWP 教学过程。

PWP 教学过程可以用于英语教学的每一项具体语言教学内容，在技能教学中表现为不同的具体形式，如听力中的 pre listening，while listening 和 post listening，口语中的 pre speaking，while speaking 和 post speaking，阅读中的 pre reading，while reading 和 post reading，写作中的 pre writing，while writing 和 post writing。这里以写作为例进行说明。

写作前（pre writing）阶段：写作前，一般应激活学生的写作动机，首先可以通过讨论最近生活、热门话题、焦点问题等，逐步把学生的兴趣引导到写作话题上。然后可以开展头脑风暴（brain storming）活动，让学生就写作话题的背景知识等开展词汇、语句、文章结构等的自由表达，激活学生已有的知识和能力。

写作中（while writing）阶段：一般写作的阶段可以分为范文学习、范文分析、中心确立、大纲设计、语句写作、修改完善这几个阶段。

这里的写作不是真实的写作，而是指写作学习，所以，写作中的第一个环节是学习如何写。在这个阶段，学习者在教师引导下学习范文，分析范文的篇章结构、论证方法、语句表达方式，甚至学习地图、树型图、柱状图、流程图、统计表等图表的使用等。这个环节与阅读密切相关，因为其本质上就是一个阅读活动，只不过是为了学习如何写作而进行的阅读活动。

写作的具体方法有很多，不过一般都应该先确立中心思想。在中小学的写作中，有时看似只是把需要表达的信息用书面形式表达出来，似乎不需要确立中心思想。其实不然。因为任何一篇好的写作，都必须有中心思想。即使是看几幅图片，表达图片中的内容，也同样需要我们确定以什么信息作为主体。例如，图片是学生在植树，是以第三人称描述信息还是使用第一人称，这就是一个确立中心的选择。

在写作中一般要先设计写作大纲。我们可以设计顺叙表达，也可设计倒叙表达，甚至可以设计夹叙夹议的大纲。没有经过大纲设计的表达肯定是没有章法的。

我们在写文章草稿时，是先从头脑风暴获得的语词结构出发，还是先写出一些语句再来穿插运用头脑风暴获得的语词结构？尽管这都是可以的，但显然前者更有利于运用头脑风暴获得的语词结构，后者更有利于一气呵成的创作。

草稿完成之后，进行修改完善，是非常有利于我们的写作学习的，这可以促进我们提高书面表达的能力。

写作后（post writing）阶段：在真实生活中，我们完成写作之后，一般都是把文章发表出去，把信件寄送出去，把作业提交上去。这些都可以是写作后的活动。我们可以鼓励学生完成写作后，把文章贴到自己的博客、发表到学校或其他网站上，投稿到报社，张贴到校园甚至教室后面的作文栏里等。

不过作为与作家学习活动，我们完成写作之后，还可以进行讨论、相互批阅等，这些促进学习的写作后活动，对于提高学习者写作能力是非常有帮助的。我们在学习者相互讨论和批阅中，可以制定一定的标准。例如，某次写作活动有一项语言结构要求：至少用一个定语从句描述人物，这时在相互讨论时就可以讨论谁的定语从句运用得最好，找出班级的“Top 10”。当然，还可以选出运用所学单词的“Top 10”，语句结构最丰富的“Top 10”，开头最吸引人的“Top 10”，结构最恰当的“Top 10”等，这样的写作后活动就可以成为写作学习活动的有力补充。

二、任务教学过程

任务教学是以引导学习者用所学语言完成某些任务为基础而开展语言教学的教学过程形态，它是能直接培养学生的语言运用能力的一种有效教学方法，但不是唯一的方法。

我们从 1996 年开始在中小学英语课堂进行任务教学实践，经过 20 多年在中小学英语课堂的任务教学实践，积累了几百项任务。我们发现在当前中国这种外语教学环境（主要表现为汉语环境、教学时间有限、大班）中，切实可行的任务教学过程有以下三种。

1. 基本模式："任务呈现—任务准备/语言学习—任务完成—任务反审"程序

在任务教学中，我们对课堂教学程序按时间顺序划分的同时也加以目的的描述。任务教学的课堂教学程序大致可分为四阶段：（1）任务呈现（presenting the task），（2）任务准备（preparing for the task），（3）任务完成（completing the task），（4）任务反审（reflecting on the task）（见表 8-2）。不难看出，由任务呈现，进而是任务准备、完成，最后到任务反审，体现的是一个任务教学课堂的时间顺序过程，而呈现、准备、完成、反审等是对这一过程中各阶段目的的描述。这一课堂教学程序是真实任务课堂教学的基本程序，也是我们倡导的教学程序。

任务呈现阶段的目的是引导学生进入任务情景，理解任务要求，尤其是任务所要求的结果等。这与埃利斯模式中"任务定调（framing the task）"相似，就是要给所要完成的任务定下基调，确定框架，也与威利斯（1996）模式中的任务前阶段的介绍话题以及帮助学生理解任务指引等活动相似。一方面，任务教学强调任务呈现阶段要引导学生进入任务情景，其目的是激活学生与任务相关的内容图式（content schemata），以便减轻学生在任务完成阶段的认知负荷，使他们有更高质量的语言产出。另一方面，任务呈现阶段也强调帮助学生理解任务要求，尤其是任务所要求的结果。如果学生对任务要求不明确，在其后的各阶段就难以实现预期的教学目的。

任务准备阶段的目的是让学生为完成任务而进行内容或语言上的准备。作为语言教学活动，任务主要涉及两方面的准备：一是任务参与者在完成任务过程中所需要获取、处理或者表达的内容；二是任务参与者在完成任务过程中获取、处理或者表达这些内容所需要的语言知识、技能或者能力。一般来说，前者往往是以意义为首要关注的任务准备，而后者则是以形式为首要关注的任务准备。如在一个电子邮件任务中，任务要求学生给老师写一封电子邮件告诉老师某位同学 20 年后可能的工作情况，为此，学生就需要在内容上做准备，包括向某位同班同学了解他 20 年后可能的工作情况。如果学生对使用英语描述一个人的工作情况存在困难，如对社会上不同职业的词汇不熟识，那他们就需要在语言上做准备，如学习相关的词汇等。

任务完成阶段的目的是让学生按照任务要求完成任务，以达成任务所定义的结果。值得注意的是，任务教学要求区分任务的教学目的与任务的结果，这对于真实运用任务和真实学习任务都是同等重要的。对于学生来说，不管是真实运用任务还是真实学习任务，他们完成任务就是为了达成任务的结果，而对于教师来说，任务的完成更重要的是看是否达到教学目的。

完成任务的要求往往是教师在设计任务的时候预先设定好的，但教师还可以在学生完成任务的同时做出一些同步的教学决定以影响任务的完成。在真实运用任务的任务完成阶段，任务的主要参与者是学生。这时教师极可能在“远处监控”，而在真实学习任务的任务完成阶段则不一样。真实学习任务是强调师生共同参与完成的，这也是真实运用任务与真实学习任务在任务完成阶段中的不同之处。任务反审阶段的目的是提供机会让学习者重新审视任务过程，包括任务的准备和完成过程，特别关注所运用的语言的正确性（accuracy）与得体性（appropriateness）。任务反审阶段属于任务后阶段，其中的关键是对任务过程进行有意识的反审，如对任务的完成情况进行反思，对任务过程中所出现的语言形式问题加以关注等。

表 8-2　任务教学的课堂教学程序

时间顺序阶段	目的阶段	
任务前（pre task）	（1）任务呈现	引入任务情景 理解任务要求
	（2）任务准备	准备内容 准备语言
任务中（while task）	（3）任务完成	达成任务结果
任务后（post task）	（4）任务反审	有引导的反审 无引导的反审

显然，在任务教学的课堂教学程序中，任务呈现阶段与任务准备阶段都属于任务前阶段，而任务完成阶段则是任务中阶段，任务反审阶段是任务后阶段。埃利斯曾指出，任务中阶段是任务型课堂所必须的（obligatory）一个阶段，而任务前、任务后两阶段则是非必须的（non obligatory），但对保证任务中阶段有效促进语言发展起着关键的作用。这在任务教学的课堂也一样，即任务完成阶段是任务教学的课堂所必须的，而任务呈现、任务准备和任务反审阶段都是围绕该阶段而展开的。

2. 语用模式：“语言学习—语用呈现—任务呈现—任务完成—任务反审”程序

语用模式是真实任务课堂教学程序的一种变体，主要适合语言难度较大或教师刚开始采用任务教学的情况。

这一变体只是把“语言学习”这个环节提到“任务呈现”之前，并在“语言学习”之后加了“语用呈现”这个环节。这里重点介绍这个新的环节。

语用呈现就是向学生呈现所学语言的语用特征，尤其是完成后面的运用任务所需要运用的语用要素，强调语言在运用上的正确性（accuracy）与得体性（appropriateness），为后面的任务完成进行准备。语言呈现阶段属于任务前阶段，其关键是帮助学习者掌握完成任务所需语言的语用内涵，进行有意识的准备。应该说，语用呈现的关键是教师把握教学内容的语用内涵，并根据任务的需要进行准备。

在实际的教学中，语言呈现通常在语言学习之后采用发现、归纳、提示的方式进行，对于难以把握的语用内涵，则可以采用讲解、演绎的方式进行。

这一程序其实有很多传统的 PPP 课堂教学程序的特征，我们可以把语言学习看作“presentation”和“practice”，把后面的任务呈现和任务完成看作“production”。这一程序与 PPP 教学程序最大不同在于要求教师在语言学习之后进行语用呈现。这就是说，语用呈现是这一程序是否符合任务教学程序的关键，若没有这个环节，我们完全可以把它看作 PPP 教学程序，而有了语用呈现，就可以看作任务教学基本程序的变体。

3. 复习模式：“语言复习—任务呈现—任务完成—任务反审”程序

复习模式是真实任务课堂教学程序的另一种变体，主要适合复习课和活动课。这一程序把“任务呈现—任务准备/语言学习—任务完成—任务反审”这个基本程序中的任务准备/语言学习环节变成了语言复习环节，而且提到任务呈现之前，因为这是新语言学习之后的活动课或复习课。

语言复习是此模式的特点，这里给予简要说明。

语言复习阶段的目的是让学生对所学语言进行巩固强化，并主要复习完成任务所需要的语言，复习的主要目的是提高学生运用语言的正确性（accuracy）。语言复习通常是阶段性的活动，可以是一个单元、模块的学习之后的复习，也可以是一个阶段学习之后的复习，比如一个月、一个学期等，还可以是完成一个综合性运用任务（比如 project）之前的复习。

在小学的活动教学中，我们经常采用这一教学程序，因为语言复习可以认为是语言学习之后活动课常用教学程序之一。

以上三种教学程序是我们在教学实验和教学实践中采用的真实任务课堂教

学程序，以“任务呈现—任务准备/语言学习—任务完成—任务反审”为基本程序。不过相对而言，这种基本模式的教学要求教师具有较高的语言运用能力，能根据语言运用的本质设计语言活动，同时要求学生在比较真实的环境条件中完成任务，如网络任务需要足够的网络环境和条件，与外国旅游者进行交流则需要有讲英语的外国旅游者到当地参观旅游。

对于真实任务的具体课堂教学来说，我们可以根据真实的学生学习要素、真实的教师教学要素、真实的教学内容要素、真实的教育教学条件要素等，选择、调整任务教学的课堂教学程序。当然，我们的教学目标、教学活动的目的必须以培养学生运用英语的能力为目的，因为这是任务教学的目的，也是英语课程所规定的基础教育阶段英语课程的总体目标。

第三节　新时代英语教学内容设计与实践分析

一、英语词汇学习策略研究

（一）基于活跃型学习风格的英语词汇学习策略

活跃型学习者倾向于通过积极地做一些事，讨论、应用、解释给别人听来掌握信息，喜欢集体工作。适合他们的英语词汇学习策略主要有：

（1）同学间相互提问、听写所学词汇，可以用英语，也可以用汉语，可以涉及词汇的读音、拼写、意义、用法等。

应用举例：

在预习或复习人教必修一 Unit 1 的词汇时，同伴或小组可以相互提问以下问题。

1）What does “ignore” mean? Spell the word, please.

2）What’s the English for “面对面地”? Can you give an example?

3）What’s the difference between “add up” and “add up to”?

4）Can you think of some words or phrases which mean “参加；加入”?

（2）同伴或小组合作，找出课文中的重要词汇，加以对比，列出新的重要词汇。

应用举例：

在学习人教必修一 Unit 1 的课文时，可以采取以下活动。

1）Read the passage quickly，find out the words you think important and make a list. Compare with your partner and make a new list.

2）Work in pairs/groups to find the words that best express Annie's feeling.

3）Which words in the passage do you think are useful to describe your best friend? Find them and compare with your partner. Make a new list and tell why you choose so.

（3）词汇造句接龙。几个人一起，运用所学的词汇造句，前一个句子与前一个句子应有关联。遇到接不上的情况时，其他人可以提供帮助。这种策略对词汇能力要求较高。

运用举例：

人教必修一 Unit 1 有以下重要词汇：upset，ignore，calmdown，have got to，concern 等。几个人可以轮流造句。

A：I was upset yesterday.

B：My best friend Lucy ignored me for a whole day.

C：I didn't get angry but tried to calm down first.

D：I know I've got to find the reason.

E：Also I know she has been concerned about me since we met.

（4）讲述词汇故事。运用所学词汇编造并讲述故事，看谁的故事合理、有新意、有创意。如果所学词汇较多，可以选取一部分。

运用举例：

人教必修二 Unit 1 有以下重要词汇：Survive，in search of，select，design，fancy，decorate，belong to，in return，at war，remove，less than，doubt，worth 等，可以选取几个编造故事，然后讲述，评论、吸取其他人的精彩之处。

One day，a farmer was working in the field. When he removed a big stone. He found a shining ring. It was decorated with diamonds and had a fancy style. There was no doubt that the ring was made no less than 500 hundred years ago and worth a lot of money. He just wondered how it survived and who it belonged to…

(5) 采用一些趣味性和挑战性的词汇学习活动，如在规定时间内，看哪位或哪组同学能用最多的本单元词汇编一个短故事或对话；在规定时间内，用本单元任意两个单词组成句子，看哪位或哪组同学造的句子最多；用本单元任意5～10个单词或词组编故事，看谁的最有新意；从每个单元中任选一个单词或词组，组成一个有意义的语篇，看哪个或哪组做得最快、最好。

(6) 相互改错。同伴或小组合作，相互修改写作中的语词错误（拼写错误、用词不当等），或更正口语（含阅读表达）中的发音错误、用词不当等。

(7) 积极参与表演、辩论、演讲等活动，在实际活动中学习和运用所学词汇。

(8) 积极和老师及同学交流词汇学习心得，不断改进词汇学习方法，提高词汇学习水平。

(二) 基于沉思型学习风格的英语词汇学习策略

沉思型学习者喜欢首先安静地思考问题，比较倾向于独立工作。

(1) 研究词汇特点，思考词汇学习方法。遇到生词时，首先观察和思考，发现这个词的特点，找出适合其特点的学习或记忆方式。

应用举例：

人教必修一 Unit 5 有一个词“sentence”，以前学过的意思是“句子”，而本单元中的意思是“判决；宣判”，可以这样想：审理犯人完毕，要在判决书上写下“句子”，进行“判决”或“宣判”；当然，这个词也可以作为名词，“判决；判刑”。短语“turn to”可以由复习以前学过的“翻到（书中的某页）”开始，例如：Please turn to page 67 for more information. 想到它的字面意思“转到；转向”，例如：He turned to drink to try to forget his problems at work. 然后在想到它的引申意义“求助于”，例如：Nobody seems to understand. I don’t know who to turn to. 然后再想到“turn one’s attention，thoughts，efforts etc to sth”.

对于沉思型学习风格的学生来说，不仅仅是词的意义、用法，还有词的发音和拼写等，有关词汇学习的任何方面都要先思考，然后再去学习，

(2) 找出单词间的联系加以学习。在学习中，善于发现词汇的联系，思索词汇学习规律。

应用举例：

在学习人教必修一 Unit 4 词汇时，对于“right away”，可以联想到其他

表示“立刻；马上”的词，如 right now，at once，immediately 等；对于“a (great) number of”可以联想到表示“许多的；大量的”的词，可以分为只可以修饰可数名词的、只可以修饰不可数名词的、既可修饰可数名词又可修饰不可数名词的，还可以由“a number of”联想到“the number of”；对于“injure”，可以联想到 injury，injured，进而联想到 wound，hurt，还可以和本课时另一个词“destroy”相比较；对于“as if”，可以找出其与 as though，even if，even though 的联系。

(3) 通过联想、词汇图、话题词汇等方式学习和复习词汇。该策略关键还是要找出词汇间的联系。

(4) 独立完成各种词汇练习，如单词拼写、完成句子、选词填空、单选填空、句型转换、同义替换、单句或语篇改错等。

(5) 整理词汇学习笔记，反思自己的词汇学习方法。

(6) 尽可能在安静的环境中独立学习和记忆词汇。

(7) 制定词汇学习计划，及时分析学习过程中出现的问题，借鉴他人有效的词汇学习方法。

(三) 基于感悟型学习风格的英语词汇学习策略

感悟型的对细节很有耐心，比直觉型的更实际和仔细，不喜欢与现实生活没有明显联系的课程。

(1) 反复或多次记忆词汇。针对单词的发音、拼写、意义或用法，反复记忆，多次记忆。

(2) 用自己习惯的、擅长的、较为固定的方式学习词汇。如学习时间、记忆方式、练习方法、运用情境等要都相对稳定，不出现太大的变化。

(3) 词汇学习后及时做词汇巩固检测题，单元词汇学习后及时做单元词汇复习题。讲练结合、学练结合。

(4) 多采用归纳总结法学习词汇。

应用举例：

人教必修二 Unit 1 有生词 amazing，可以首先总结以前学过的类似词汇，如 interest/interesting/interested；disappoint/disappointing/disappointed；surprise/surprising/surprised 等，由 amaze 推断出 amazing 以及 amazed 的意思；进而，可以在以后的

学习中由“embarrass”推断出 embarrassing 和 embarrassed 的意思。

（5）认真听取老师对词汇的讲解，然后在理解的基础上记忆。

（6）学习某个单词或短语在不同例句中的用法，然后加以概括和总结。

应用举例：

人教必修一 Unit 2 有例一个生词“request”，可以首先学习以下例句或含有 request 不同含义的短文，如：People in the disaster area made an urgent request for international aid. At their request，the UN sent 5 medical teams immediately and requested them to arrive within 8 hours. The medical team members set off without delay and requested more assistance be provided to people there。通过以上短文，可以总结出“request”的用法：可以用作名词和动词，“请求；要求”；“at sb.'s request”意思是“应某人的要求”；request sb. to do sth：意思是“请求某人做某事”；在 request that 句型中，从句应该用虚拟语气等。

（四）基于直觉型学习风格的英语词汇学习策略

直觉型学习者倾向于发现某种可能性和事物间的关系，擅长掌握新概念。直觉型的不喜欢那些包括许多需要记忆和进行常规计算的课程。

（1）联系其他单词加以学习。把需要学习和记忆的单词与其他单词相联系，发现和找到他们之间的关系，然后加以学习和记忆。

应用举例：

人教必修一 Unit 5 有一个生词“peaceful”，可以从多方面联系其他词加以学习。例如：由构词法可以联系到 hopeful，harmful，careful，painful 等，可以联系到同义或近义词 calmly，quietly，silently，in peace 等，由“in peace”又可以联系到 in danger，in horror，in silence 及 at war，at work 等，可以由发音联系到 eastern（Unit 3），beneath（Unit 3），steam（Unit 4），mean（Unit 5），league（Unit 5），leap（Unit 5），release（Unit 5）等。

（2）尝试用不同的方法学习和记忆。对于每一个语词，在学习和复习时都要尝试采用不同的方法，从不同的方面进行。如每课时或每单元中的重要词汇，初次学习可以关注其音、形、义，通过阅读可以关注其应用语境、感情色彩、固定结构、常用搭配等，课后复习可以关注其与其他词的区别与联系。从学习形式上，可以分别采用读、写、听、说、词义辨析、单项选择、完成句子、造句、回答问题等。

(3) 了解与单词有关的故事和情境，拓展需要记忆词汇的外延与联系。

应用举例：

人教必修一 Unit 3 有一个短语“care about”，可以通过了解和学习比尔盖茨的十大经典人生定律之一“The world won't care about your selfesteem. The world will expect you to accomplish something before you feel good about yourself.”（这世界并不会在意你的自尊。这世界指望你在自我感觉良好之前先要有所成就。）来掌握。学习人教必修一 Unit 5 中的词“equal”时，可以通过了解美国独立宣言的故事，学习“All people are created equal.”（人人生而平等。）通过这种方式，加深对所学词汇的了解。

(4) 根据发音规则记单词。

应用举例：

总结包含相同或相似发音的词，如：whether—weather；flower—flour；seen—scene；soap—soup；adapt—adopt；sigh—sign；总结固定发音的字母组合，视为一个单位，降低记忆量，如 high—night—fight—sigh—light；eight—weigh—weight—neighbor；childhood—neighborhood—fatherhood—manhood；glare—stare—hare—declare—dare—fare—share —spare；总结字母相同但发音不同的词，如：wealthy—weakness；door—poor；hour—tour 等。

(5) 利用规则演绎法理解、学习和运用词汇。

运用举例：

好多学生对 difficult 和 difficulty，health 和 healthy 等词区分不清，经常混淆。可以回想我们学过的语法规则，修饰名词应该用形容词，作宾语的是名词，这样就比较容易做出选择。我们也可以归纳以前学到的构词法知识，判断出 health 和 healthy 的词性及词义。

(6) 课文学习时，先预习或快速阅读，发现和找出里面的重点单词，然后再关注老师对课文重点词汇的讲解。

(五) 基于视觉型学习风格的英语词汇学习策略

视觉型学习者很擅长记住他们所看到的东西，如图片、图表等中的内容。

（1）观看英语视频，如英语电影、电视剧、电视节目等，留意英文字幕。

（2）建立所学词汇的视觉映像，促进词汇记忆。

运用举例：

人教必修二 Unit 2 中有许多有关奥运会比赛项目的词汇，如 horse riding，skiing，ice skating，sailing…学习这些词时，大脑中要想象出对应的视觉图像，建立词汇与图像之间的联系。Unit 3 的话题是“Computers”，里面有不少和电脑有关的词汇，如 calculator，laptop，chip，personal computers…可以采用同样的方法进行记忆。

不仅具体的词汇可以采用视觉映像法，抽象的也可以通过心理想象建立词像联系。

应用举例：

人教必修一 Unit 4 的话题是“Earthquakes”，学到“shake”，脑海中要出现房摇地动的映像，学到“burst”，大脑中要出现管道破裂，河水喷涌的场面，甚至我们可以通过 destroy，ruin，injure，trap，bury，shock，disaster，rescue，dig out，shelter 等词，把整个地震过程及人们的救援行动像放电影一样闪现在脑海中。

（3）利用图片、图表及地图等直观方式来理解词汇意义和意义之间的联系。

应用举例：

在学习不同介词所表达的意义时，可以通过图 8-1 来理解。

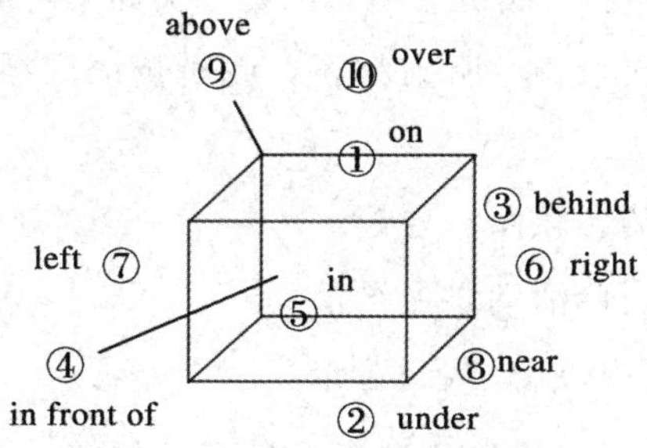

图 8-1　不同介词记忆图

在学习 in，on，to 等表达不同地方之间的方位关系时，可以借助图 8-2。

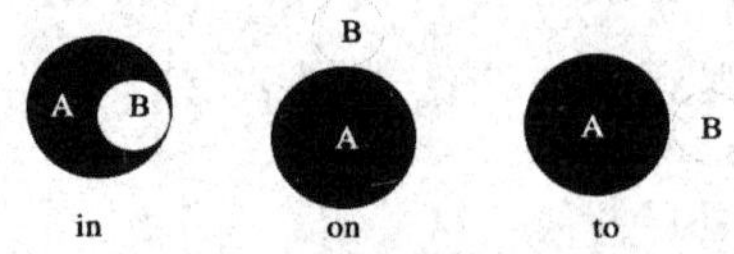

图 8-2 介词 in，on，to 记忆图

（4）整理词汇学习卡片，随时翻阅。具体操作是把重要的或有趣的单词及其音标、词性、词义（中英）、搭配、用法、例句、同义词、近义词、反义词、同根词等，整理到卡片上，可用不同颜色的卡片和笔迹进行标注。将卡片带在身上。随时查看学习。

（5）通过写学习词汇，即将重要的词及含有重要词汇的句子写出来。

（6）关注教师对重要词汇的板书，及时记录、整理和复习词汇笔记。

（7）关注户外广告牌、指示牌、标志牌、海报等，识记和学习上述媒体中的重要词汇。

（六）基于言语型学习风格的英语词汇学习策略

言语型学习者擅长从文字的和口头的解释中获取信息。

（1）尽量多阅读英文报刊、杂志。

（2）反复读记单词。在识记单词时，不仅要写出单词，更要把单词朗读出来。

（3）在早读时间或业余时间朗读或默读课文，关注里面的重要词汇及用法。

（4）积极参加故事会、演讲会、辩论赛、英语角等有利于词汇学习的活动。

（5）认真听取课文录音、听力材料，收听英语广播和电视节目，参加英语讲座、报告会等。

（6）收听和演唱英文歌曲、歌谣。

（7）利用小组和同伴活动学习词汇。

（8）有条件时，在自己喜欢的背景声音下学习。

（七）基于序列型学习风格的英语词汇学习策略

序列型学习者习惯按线性步骤理解问题，每一步都合乎逻辑地紧跟前一步，倾向于按部就班地寻找答案。

（1）确定词汇学习目标，制定词汇学习计划。学习目标应具体明确，可观察测定，有实现该目标的明确期限。学习计划应长短结合、重点突出，如有课时目标、单元目标、周目标、月目标、学期目标、学年目标，有运用目标和理解目标。

（2）制定具体的词汇学习措施。学习时间、学习方式、学习环境都要明确，要注重落实，随时反馈，不断调整，层层深入。

（3）利用前、后缀等构词法知识学习词汇。

（4）先学习单词，然后归类记忆。

（5）按照遗忘规律学习和复习词汇。新学词汇第一天要及时复习，然后间隔一天复习，后又间隔三天复习，然后一周、两周、一个月、两个月（期中考试前）、半年（期末考试前）、一年（升级考试前）。

（6）遇到生词时，合理应对，正确解决。在阅读中如果遇到生词，首先要判断这个生词是否是关键词。如果是非关键词，忽略，继续往下读；如果是关键词，要判断生词的意思。生词意思可根据上下文、构词法、已有经验和信息进行判断，然后继续阅读；若不能判断，可请教别人或查词典。如果不是常用的词，查词典只了解词义即可；如果是常用词，要掌握这个词的词义、拼写、发音和用法等。

（八）基于综合型学习风格的英语词汇学习策略

综合型学习者习惯大步学习，能更快地解决复杂问题，一旦他们抓住了主要部分就用新奇的方式将它们组合起来，但他们却很难解释清楚他们是如何工作。

（1）将所学词汇分为运用性词汇（words for using）、理解性词汇（words for understanding）和过目性词汇（words to overlook），然后分别采取不同的方式加以处理。

（2）通过具体语境来理解和运用词汇。语境要丰富，要从多方面、多层次来理解和运用词汇。

（3）与直接式词汇学习活动（直接的词汇练习和活动，如词形拼写练习、词汇游戏等。相比，更多采用间接式词汇学习活动，即通过阅读、听说、写作等学习词汇。

（4）弱化生词的重要性。在阅读中遇到生词，不要直接看后面词汇表中的中文翻译，也不要马上就查字典。应先对文章整体内容进行理解，并判断哪些词对整体理解有重要作用，哪些并不重要。然后再猜测词义或通过查词典、听老师讲解等方式加以学习。

(5) 加强所学词汇的意义联结。一个词与其他词的联系越多、越系统，它的意义就越丰富，记忆效果就越好。

(6) 对所学词汇先分类，然后加以学习和记忆。根据词汇的不同特点，可以采用不同的分类标准，如按照词性归类，按照意义归类，按照用法归类，按照话题归类等。

二、英语教学讨论活动

(一) 生成与讨论的内涵

1. 生成的内涵

(1)“生成”的定义

“生成”是某一事物从不存在到存在、从存在到演化的过程。《辞海》对“生成”的解释为“变易”。柏格森指出：“对有意识的存在者来说，存在就是变易；变易就是成熟；成熟就是无限的自我创造。”从解释中可以看出，生成不是指事物本身，而是指事物存在的过程，它体现的是一种既有起点、又有终点的过程性。这一概念运用在英语讨论活动教学中，是一种新的活动教学的理念。它追求一种开放的、互动的活动形式，突出语言的综合运用能力的培养，发挥学生主动性、创造性。在本研究中，笔者选择“generation”作为“生成”一词对应的英文，它含有“生长”“突现”(emergent) 之义。与“生成”相对的还有“预设”和“预成”两个概念。

(2)“生成”与“预设”“预成”之间的关系

预设是指“一项活动开始之前的设想、预算、规划、安排”。教学过程应该始于“预设”，但同时还要超越“预设”，走向“生成”。

预成是“尽可能使事物的发展按照原定计划来运演并使其达到预定效果的过程”。“预”即计划、规划；“成”即既定、现成。预成性教学多以“灌输式”教学的形式为主。

课堂中处处蕴含着矛盾，其中生成与预设之间的平衡与突破，是一个永恒的主题。预设与生成是辩证的对立统一体，课堂教学既需要预设，也需要生成，预设与生成是课堂教学的两翼，缺一不可。预设体现对文本的尊重，生成体现对学生的尊重；预设体现教学的计划性和封闭性，生成体现教学的动态性和开放性，两者具有互补性。而预成与生成则是课堂运演的两种完全不同的过程，预成过于僵化、封闭，它要求老师按照预定的计划实施并达到预定的目的，生成则与之相反，因此，二者的结果也必定不同。我们在教学中应该尽量杜绝预成。

在高中英语讨论活动的教学实践中，英语教师在开展讨论活动时，经常会发生预料之外的变化，涌现生成的概率很大，这就要求教师不能机械地按计划行事，而是应凭借自身的综合素质，根据教与学的情况，把教学中的人、物、精神等诸多因素有机地结合起来，并对其进行灵活的调控，使整个讨论活动的实施过程朝着有利于学生自身发展的方向进行。可见，高中英语讨论活动具有生成性教学的特点。

2. 生成性学习理论

不同的学生，由于其生活经验、生活背景、知识基础和兴趣爱好各有不同，因而他们在认知结构上也存在较大差异。所以教师在进行高中英语讨论活动的教学设计时。要充分考虑学生的心理和认知发展水平。在心理学理论中，对生成性教学研究具有较大借鉴价值的是“生成性学习”（generative learning）的理论。

对于高中英语讨论活动的教学来说，开展讨论活动必然是为了学生更好地理解，既然理解中必有生成，那么讨论活动也必然涌现生成。可以看出，“生成性学习理论”从学习心理学的角度为如何在高中英语讨论活动中实施生成性教学奠定了理论基础。

3. 生成性教学的定义

所谓生成性教学，是在弹性预设下，在教学过程中，教师和学生根据具体教学情境，共同构建一种开放的、互动的、动态的教学活动的过程。

那么，基于生成性教学理念的高中英语讨论活动就是在英语教师的弹性预设下，在师生、生生的讨论互动过程中，通过教师对学生各种需求的价值判断，根据讨论中生成的信息，不断调整讨论活动的目标、内容、结论等，以促进学生更加有效的讨论过程，是一个动态的师生共同学习交流、共同建构对世界、对他人、对自己的态度和认识的过程。它要求教师在讨论活动中既要在一定程度上遵循预设的安排和教学规则，又要适时、适度地根据具体活动情况跳出预设、放弃规则，善于抓住课堂中生成的因素和时机，随时调整方案，形成新的英语讨论活动。

（二）生成的分类

生成本身具有过程性，而“过程”一词又包含了时间的概念。因此，根据生成的时间，可将英语讨论活动教学设计中的生成分为英语课堂讨论活动中的生成（即时生成）和讨论活动之后的反思生成（延时生成）。而课堂讨论活动中的生成，又可以根据生成与预设关系，将其分为预设的生成和随机的生成两类。

1. 英语课堂讨论活动中的生成分类

英语课堂讨论活动中的生成又可分为预设的生成和随机的生成两种类型。

（1）预设的生成

无论怎样提倡生成性的思想，预设都将是不可忽视的重要工作，它体现了教师对文本的尊重，也是讨论活动中生成的奠基石。因此，教师根据学生的情况能够设计出相应的方案，只不过教师的预设要有弹性、有留白的空间。在实际的教学中，教师可以根据具体教学情境，做出判断，并选择更适合的方案。比如：

精彩的生成离不开之前的精心预设。对于预设的生成，教师必须在课前对自己的教学内容有一个清晰、理性的思考与安排，对于可能生成的部分应先多做准备，多设计几种假设及应对策略，以便更及时、有效地将学生引导到有利于他们自身发展的方向上来。

（2）随机的生成

生成性教学的内在本质特征决定了英语教学过程应该是一个开放的过程，再精心的预设也无法预知整个讨论活动的全部细节。由此，在生成性的英语课堂讨论活动中必然会出现愈来愈多的教师无法预料的情境，这类生成即为随机的生成。因此，处理随机的生成的关键在于教师的价值判断和合理引导，即教师的教学智慧。

另外，还有一种随机的生成，它本身也是有价值的，但教师一般不会当场展开讨论，而是把它作为进入另一节新的“引子”，生成新的教学目标。因为学生在课堂上生成的这类新资源虽然对学生的学习有帮助，但在短短几分钟内不能很好地完成这一教学，因此教师应该另找时间进行讨论。

3. 活动后反思生成

教学设计是一个不断反思、不断修正的过程。这一部分内容将在教学设计的反馈修正阶段详细阐述。

（三）生成性教学的原则

既然高中英语讨论活动的教学具有生成性教学的特点，那么，教师应该依据什么原则来设计和实施讨论活动的教学呢？笔者通过对生成性教学理念的分析，总结了如下几项基本原则。

1. 教师为主导，学生为主体原则

在英语课堂教学中，教师要尊重学生的主体地位，以学生为主体，精心设计各种相互关联的教学活动，使学生的学习心理、感觉器官和思维在课堂上切切实实地动起来，以求提高课堂效率。这是现代教学理念的大原则。

因此，基于生成性教学理念的英语课堂讨论活动的教学设计应注意以下几点：

（1）要面向全体学生，注重素质教育。面向全体学生，为学生全面发展和终身发展奠定基础，是基础教育课程改革的核心思想。英语课堂教学理应面向全体学生，使每一个学生都得到发展。只有面向全体学生的教学，才能同样给每一个学生有生成的机会。比如我们采用分组讨论的方法就比一对一的回答老师提问更能面向全体学生。再如教师在设计教学目标时首先应考虑全班同学都能达到的目标，在此基础上才能制订针对不同层次学生的层级式目标。

（2）教师要保证学生在参与课堂活动时是实质性参与而非形式上的参与，通过学生全面、有效地参与，发挥出学生自身的优势。比如教师在设计讨论活动的主题时应该注意：一方面，这些话题必须是学生们熟悉的话题，要让学生有话可说，才是实质性参与了讨论；另一方面，讨论的话题不能太容易，必须是经过讨论后才能得出结论，如果太容易就没有讨论的必要，讨论活动自然就流于形式了。只有实质性地参与了讨论才可能产生有价值的生成资源，才能更好地培养学生的创新精神和探究能力。

（3）在强调学生主体性原则的基础上，还不能忽略了教师的主导作用，教师应对整个教学要素进行自觉地控制，师生之间应当是一种“以教师为主导，以学生为主体”的关系。有效的学习，离不开教师的指导，但指导仅仅只是手段，教学过程中，教师必须把学生导向学会学习的境地。教师指导并不是严格控制，当教师发现教学中的生成因素，并把握生成时机进行教学就是有利的导向，若对有价值的生成资源置之不理，而一味按照既定方案行事，则是不当的导向。

2. 过程性原则

英国哲学家怀特海认为“过程就是事物各个因素之间在时间上和空间上构

成的联合体而进行的内在的、复合的运动”。人类活动都是以过程的形式展开的。杜威的“教育无目的论”反映了一种实在的教育过程论。教育作为培养人的一种活动，也是以过程的形式展开的。传统预成性教学受应试教育的影响，轻过程而重结果。因此生成性教学在关注结果的同时，更注重过程。设计过程中应注意以下几点：

（1）要注重过程，就一定要为课堂中的生成预留空间，更要求教师有教学洞察力和灵活的应变能力。教师要随时根据学生在课堂中的生成以及学生思维的外在表现调整教学目标、教学方法、教学内容，真正做到以学生为本，促进学生的发展。

（2）通过各种活动，引导学生在讨论、探究、合作过程中生成。掌握知识并不只有做练习、进行操练、死记硬背这些方法，更好的方法是让学生通过各种活动，在真实情境中去体验生活。学生在真实体验过程中，运用先前知识。采取自己的办法去解决问题，无论结果如何，学生们都能从此过程中学到知识、技能以及策略。在这一过程中，学生们会比平时生成更多有价值的东西，只要教师合理引导、耐心启发，就能让学生获得更大的收获。

3. 开放性原则

英语课堂教学应该是动态开放的教学系统。这不但包括要有开放的教学目标和内容，还应该包括有开放的教学过程和方法。作为英语教师或英语教学设计者。只有具备开放的教学理念，才能以开放的心态设计教学，并正确地对待和处理教学事件中的生成资源。比如在英语讨论活动中，教师在设计讨论话题时，不但要贴近学生生活，而且要具有开放性，这样才能激发学生的思维，使讨论活动更有成效。在讨论活动的设计中，遵循开放性原则的教学设计需要注意以下几方面。

（1）设计开放的教学目标

在开放性教学中，制定教学目标要遵循统一性与多样性相结合的原则。统一性是指教学计划、教学大纲、教材所规定和要求达到的基本标准。多样性即在确保基本目标达成的前提下，针对学生的不同特点和人的完整的素质结构的基本要求，确立的发展目标。在传统教学目标的制定中，总是先把基础目标即让学生牢固掌握语言知识和语言技能放在首位；而在开放性教学活动中，必须以“人的发展”为本位，而不能以“知识”为本位。不同的学生有不同的特点，正因为个体有差异，所以我们的教学目标也应该是多元化的。有时，为了使教学目标与学生实际情况更贴切，教师在教学过程中还可以根据学生的具体表现或生成资源来调整教学目标，甚至与学生共同制定教学目标。

宏观来看，开放性的教学目标都应该具有“两重性”：既要完成英语学科的特殊任务，又要承担素质教育中让学生全面发展的共同任务。

（2）设计开放性的教学内容

开放性教学内容要求教师要吃透教材，了解学生，钻研教法，设计好教学预案。在设计预案时，要时刻为生成铺路，比如疑点、难点，知识的发散点（即与教材内容相关联的边缘知识、问题），以及学生思维的兴奋点（即学生可能对哪部分知识产生浓厚的兴趣，在哪一环节可能迸发出思维的火花）等。设计越细致，越能优化教学目标与教学方案，在课堂教学过程中，面对学生的突然发问和讨论中伴生出的新问题，教师就能从容应对，相机诱导，更好地完成教学目标。

（3）教学过程的开放

传统的课堂教学一般都按照“复习、新授、练习、巩固、小结”五个环节依次进行。教师的教学往往遵循既定的教学程序，环环相扣，追求结构的完整性。在开放性课堂教学中，教师不必刻意追求课堂结构的完整，也不必固守教案，推进各教学环节。教师应根据课堂学情，适当调整教学内容、时间与策略，在动态中追求教学目标的实现。比如，教师设计了一个5分钟的讨论活动，可是在讨论中生成了有价值的新资源，激起了学生们的探究欲望，教师就可以根据情况延长活动的时间，并引导学生在活动中深化对问题的理解，从而使整个讨论活动的价值得到扩张。

（4）教学评价要具有开放性

开放性的教学评价，就是综合灵活运用多种评价类型和方法，用客观、全面、联系、发展的观点来评价学生的学习行为和结果，更好地发挥教学评价的积极作用，促进学生全面、自由、健康的发展。

传统的教学评价大多都是教师评价，学生把教师看成是标准答案的代言者，自然也很难去怀疑教师的答案。开放性教学评价则形式多样，有自评、学生互评、教师评价、家长评价，也有质的评价和量的评价，还有单项评价和综合评价等。无论采用何种评价方法，其目的就是让学生在评价和被评价的过程中进一步深化理解，发挥学生的主动性，促进学生的发展。

4. 互动性原则

教学是师生积极互动的过程，这种教学观已广为认同。课堂上，正是由于有了互动的可能、交往的空间，生成才成为教学的基本存在形态。互动可以是师生之间的互动，也可以是生生之间的互动。那么，如何才能在课堂中产生积极的互动呢?

(1) 设计互动性的教学情境。互动性的教学情境本身就是一种能促进学生动态生成的生成性教学资源。它尽可能使每个学生对学习内容产生兴趣，并各自独立地进行思考。然后在此基础上，通过讨论等活动，让学生表达和交流，以形成“思维场”，引起思维碰撞，激发出更多的“智慧火花”，因而能体现出互动的价值。

(2) 教师合理引导。互动既然是发生在群体之间，互动过程就不可能由某一个人决定，不确定因素自然也会很多。互动过程如果没有合理的引导，可能产生积极的作用也可能产生非积极的作用。教师应该根据互动的情况，将其引向更有利于学生发展的一面。

【实践分析】

教学内容：Just How Great Are Computer?

老师首先让学生快速浏览课文后回答文章大意，即“Computers are great, but they cause problems.” The main problems mentioned in the text are physical problems and psychological problems. 然后，老师将全班分为四组开展讨论。Each group should design one or two questions on the part of physical problems, and ask others to answer your questions. 学生们经过讨论之后，在老师的引导下，开始你问我答或我问你答的活动，在这种互动中，学生们对本课的新语词和课文内容越来越熟悉。

此案例是一个在教师引导下的生生互动的活动，当然还可以设计一些师生互动的活动。总之，在生成性教学中，教师要尊重学生主体，在互动中生成。

基于生成性教学理念的英语讨论活动设计除了以上需要遵循的原则外，教师还应该注意在活动设计时需要具有层次性，在教学中为学生创设真实的情境，有效地启发学生思考，课后积极进行教学反思等。

(四) 英语讨论活动设计

基于生成性教学理念的英语讨论活动设计是教师以生成性教学理念为指导，基于学习者特征等英语学习需求分析，设计英语教学目标，英语教学过程、英语教学策略、英语教学技术，并进行评价反馈，以进行英语讨论活动的教学准备的过程。

“教学设计的一般模式包括学习需求分析、学习者分析、学习内容分析、教学目标设计、教学策略设计、教学过程设计、教学技术设计、评价目标确定与方法选择、形成性评价设计和总结性评价设计。”如图 8-3 所示。

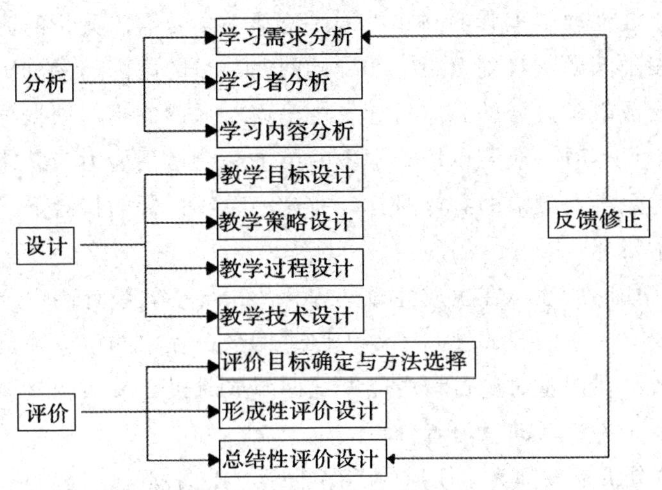

图 8-3　教学设计的一般模式

基于教学设计的一般模式，笔者将基于生成性教学理念的英语讨论活动教学设计分为四个部分，即分析阶段、设计阶段、评价阶段和反馈修正阶段，分别进行分析。

1. 分析阶段

美国学者哈里斯（J. Harless，1968）首先提出教学设计的“前期分析”这一概念，意即在教学设计过程开始的时候，分析若干直接影响教学设计但又不属于具体设计事项的问题，后来人们干脆将它们列入教学设计组成部分，以体现这些问题的重要性。

在基于生成性教学理念的英语讨论活动设计的分析阶段，需要对学习需求、学习者、学习内容三个方面进行分析。

（1）英语讨论活动学习需求分析

在教育学领域，考夫曼（R. Kaufman）曾提出：“需求是一种差距，是指当前结果和期望结果之间存在的距离。”也可以说是：“事物的目前状态与所希望达到的状态之间的差距。”这种差距揭示了通过教学需要解决的实际问题。

学习需求分析的作用是运用各种方法和手段，鉴定学生学习存在的问题，依此形成教学目标。教师需要结合社会需求和个人需求，科学、合理地确定英语教学目标。

基于生成性教学理念的高中英语讨论活动学习需求分析的流程可分为四个步骤：①发现问题，找到差距；②分析问题存在的原因；③分析解决问题的可行性；④形成教学设计的总体目标。这里需要强调的是，依据英语课标，教师在设计教学目标时，应该以培养学生的英语综合运用能力为总体目标，而不是以高考为学生学习英语的总体目标。在这一总体目标的指导下，再来确定每一节课的教学目标。

当然，如前所述，在生成性教学理念的指导下，设计高中英语讨论活动的教学目标要有一定的开放性，还要为课堂讨论过程中的生成预留空间，做好准备，以便教师在课堂讨论过程中能够把握生成时机，灵活调整预案。

（2）英语讨论活动学习者分析

学习者分析是教师为了了解学习者的学习准备状态，对学习者已有的知识、技能、情感水平和心理发展的一般特征和初始能力对新学习内容适合性的分析。

在生成性教学理念下，学生是教学活动的主体，教学设计的一切活动只有从学生的实际出发才能成功和优化，教师要有效地开展英语讨论活动，就必须对学生的英语水平、心理特征有客观、正确的认识，只有这样，教师才能提出适合学生讨论的话题，才能让学生通过讨论活动达到学习目标。因此，为了实现教学目标、满足学习需求，教师需要对学习者进行客观的、正确的分析。

对学习者的分析，一般需要准确把握学习者的心理特征、学习风格、已有的知识和技能等。

（3）英语讨论活动学习内容分析

学习内容是指为实现总的学习目标，学生系统学习的知识、技能、态度和行为经验的总和。基于生成性教学理念的高中英语讨论活动以讨论作为活动形式，将学习内容在师生、生生之间进行交流，使学生在交流中加深对学习内容的理解，以生成新知。这种做法能更好地激发学生主动思考，培养学生的探究精神。因此，分析学习内容能明确知道本次讨论活动需要讨论什么，学习什么。

2. 设计阶段

在教学设计中，做完分析阶段的工作以后，教师紧接着要做的下一步工作就是对教学的全过程进行设计，包括教学目标、教学策略、教学过程、教学技术等。

基于生成性教学理念的英语讨论活动的教学设计要求所有的设计都要预设多种可能，在活动过程中，根据活动的实施情况，和学生的讨论情况，选择预设的方案并及时进行调整。教师应尽可能设计足够的、有效的预案，以保证讨论活动开展过程中，能即时、有效地利用生成性资源，把握生成时机，提高学生的学习兴趣，使讨论活动达到预期目标，甚至收到比预期更好的效果。

（1）英语讨论活动教学目标设计

所谓教学目标是指学生在学完一个指定的教学单元之后能够做些什么事情的具体、明确的表述。教学目标作为学生行为变化的预期结果，对教师的教和学生的学都起着指向性的作用，它是英语教师选择教学具体内容、设计教学环节、运用教学方法、确定教学策略、选择教学媒体、安排学生活动等一系列工作的基本依据。教师围绕教学目标设计教学过程，并开展教学实践。

生成性教学是一个动态生成的过程，这就决定了生成性教学的目标应该具有不确定性和可变性。教师需要运用教学智慧，制定灵活而富有弹性的教学目标，以协调教学目标的预设与生成之间的矛盾。

那么，如何制定英语讨论活动的生成性教学目标呢？教师可以制定层次性教学目标。生成性的教学理念要求每个学生都能参与英语体验的过程，其终极目标就是要实现每一个学生的全面发展，为每一个学生提供发展智力、生成新知的机会。由于不同学生的知识水平、认知水平的不同，对同一事物的理解方式和理解程度不同，他们可以共同讨论同一个话题，但讨论中发表的观点和经过讨论学习后的结果必不相同。因此，生成性理念下的英语讨论活动的教学目标设计应该首先考虑所有学生都能达到的目标，其次再考虑一些思维更活跃、学习能力更强的学生，而设计具有层次性的教学目标。

【实践分析】

<table>
<tr><td rowspan="2">教学目标</td><td>语言知识</td><td>能运用 even if，communicate with，actually，be based on…，make use of；能理解 voyage，because of，native，come up，apartment，AD，at present，gradually，Danish，vocabulary，spelling，latter，identity，fluent，Singapore，Malaysia，such as 在文章中的意思</td></tr>
<tr><td>语言技能</td><td>能理解所学文章的主旨大意；
能从所学文章中获取或处理相关信息；
能表达自己和他人的观点</td></tr>
</table>

续表

教学目标	语言运用	运用 Direct and Indirect Speech 表达自己和他人的观点
	文化意识	加强学生对英语语言的了解，对当代语言特别是英语发展的了解。培养学生的跨国文化交际意识
	情感态度	让学生领会英美不同文化差异和风俗习惯，领会语言的丰富多彩性和发展变化的特征，使学生在认识世界英语在人们生活中扮演的不同角色的同时，更加热爱自己的祖国，从而培养他们的祖国意识
	学习策略	带着问题有目的地阅读文章，通过回答问题掌握细节，理清线索。 能把快速阅读和精读相结合，并在阅读过程中使用预测、推理等方法。 善于总结所接触语言材料中的语言规律并加以应用。 在小组讨论过程中，通过体验、讨论、合作和探究等方式，逐步培养学生交际策略和听、说、读、写的综合语言技能

在此案例中，语言技能和学习策略两项目标都设计成了层次性的教学目标，难度由低到高，以满足各种不同学生的需求，同时也为课堂中的生成做好准备，以便灵活调整目标。

(2) 基于生成性教学理念的高中英语讨论活动教学策略设计

教学策略是“对完成特定教学目标而采取的教学活动的程序、方法、形式和媒体等因素的总体考虑”。在生成性教学理念下，教学策略的建构是一个动态的过程，它非常强调随情境的变化而变化。因此，教学策略设计是以生成性教学理念为指导，运用系统方法鉴别教学实践中要解决的问题，根据问题的情境，在实施过程中不断调整、优化，以达到优化教学效果的系统决策与设计。

教学策略的分类方法有很多。按照教学策略的性质，可将其划分为两个基本类型，即替代性教学策略和生成性教学策略。前者是指学生通过教师呈现材料和提供支架来掌握现成知识的一种教学策略，主要由教师提供支架，后者则主要由学生自己对信息进行加工。生成性教学策略强调以学生为中心，认为学生是认知的主体，是知识意义的主动建构者，教师对教学意义的生成起帮助和促进作用，它并不要求教师直接向学生传授和灌输知识，学生在一系列活动中，依靠自己的力量（包括先行知识水平、处理信息能力、学习策略等）或与同伴交流的过程中，将信息与他们的认知结构相联系，其加工越深，学习效果就越好。对于先行知识水平较高的学生，应该更多地选择生成性教学策略，因为它能让学生更深刻地记忆信息、更灵活地处理问题、更有效地形成自己的兴趣，并更加具备探究精神和创新能力。

（3）基于生成性教学理念的高中英语讨论活动教学过程设计

教学过程设计是教学设计中非常重要的一环。它是为实现教学目标而开展的多个教学活动组成的连续过程。一整节课的教学过程可以是讨论活动和其他活动按一定顺序组成的连续过程，也可以由好几个讨论活动按一定顺序组成。而在英语讨论活动中，每一个讨论活动的教学过程设计也必须清楚。

基于生成性教学理念的高中英语讨论活动的教学过程设计中，应该包括七个环节：呈现目标，创设情境，讲解规则，举例示范，开始讨论，展示结果，评价活动。当然，教师可以根据具体的活动情况，随时对部分环节做具体调整。下面是一节课中的一个讨论活动的教学过程设计：

【实践分析】

英语讨论活动的教学环节	教学过程
引起注意	老师告诉学生们一起来看一段大家喜欢的广告
呈现目标	掌握 commercial，advertisement，value，turn to，informative，tell the truth，misleading，regardless of
创设情境/回忆先前知识	教师播放原版 KFC 广告影像资料让学生观看后完成表格并思考三个问题：What is the product? What is the main idea of the commercial? What value is expressed in the commercial?
讲解规则/举例示范	准备开展“Whether you like advertisements or not? Tell your reasons.”讨论活动，老师讲解讨论活动规则
开始讨论	学生根据老师的要求开始讨论。 讨论中学生可能出现的问题： （1）对有关词汇有困难以致影响表达，老师应即时予以帮助； （2）学生们可能由于意见不同而争执得非常激烈，老师需要根据情况管理好活动，正确引导讨论活动的方向

续表

英语讨论活动的教学环节	教学过程
展示结果	各小组代表展示本小组的讨论结果，阐述理由。 这一环节中，持不同意见的学生可能都坚持自己的意见，这时可以根据情况将全班分为两个大组开展辩论，挑选几个评委，要求辩论时必须使用到老师指定的目标词汇
评价反馈	其他小组和老师向展示组提出问题，帮其纠正错误等，最后选出最优秀小组。如果开展了辩论，这一环节可以奖励胜出的一方，让失败的一方全体学生书面写出自己的观点及理由，要求用到老师指定的目标词汇

这是基于生成性教学理念的高中讨论活动教学过程设计的一个案例。可以看出，在“开始讨论”“展示结果”和“评价反馈”三个阶段都为讨论活动的生成预留了空间，考虑到了几种讨论活动中学生可能发生的情况，并预先给出了处理办法。当然，真实活动过程中，学生不一定会按照教师预设的情况发展，教师也不一定会按这些预案来进行，可能会产生许多不可预料的生成，这需要教师把握好生成，正确引导，灵活处理，才能收到更好的效果。

(4) 英语讨论活动教学技术设计

“现代教学技术就是运用现代教育理论和现代科技成果，特别是利用现代信息技术，通过对教学过程和教学资源的开发和利用，以实现教学优化的理论与实践。”以适应更多不同风格的学生的英语学习。所以教学技术设计是教学设计中不可忽视的一环。

教学技术的设计应基于分析阶段和设计阶段的其他环节，根据各种信息技术的功能和特点以及学习者的需要，选择合适的技术。需要指出的是，随着科学技术的发展，现代科技手段在教学中已被广泛运用，如投影、录像、多媒体课件……它们的运用的确优化了教学设计，也提高了教学效率，但我们绝不可忽略如语言描述、挂图、板书、图表等传统媒体技术的运用，只要是有利于教学目标的达成，有利于教学活动开展的教学技术，我们都应该合理利用。现代教学媒体和传统教学媒体，它们的优点是不同的、互补的。只有扬长避短，相得益彰，他们才能更好地为教学服务。

3. 评价阶段

教学评价设计是基于生成性教学理念的高中英语讨论活动教学设计的重要组成部分，科学的评价体系是实现教学目标的重要保障。教学评价对于学生和教师来说都有非常重要的意义。通过评价，教师可以获得教学反馈，反思并调整原来的教学设计文本和教学实施过程，不断提高教学水平和教育质量。

教学评价是根据教学目标，运用特定的方法和手段对课堂教学效果以及构成课堂教学过程各要素进行分析与评价的活动。生成性教学理念下，教学评价的主要目的是获取教学活动的反馈信息，检测学生学到了什么，学到何种程度，教学是否达到了预期目的？若没有达到，具体的原因是什么？教师处理生成资源的效果如何，不好的地方如何改进等等，教师根据评分结果对预设的方案加以调整，以期达到更优化的效果，同时它也是检验和提升教师教学能力的依据。

在整体的教学过程中，教学评价活动是伴随着教学活动开展的，教学和评价融为一体。形成性评价和终结性评价在教学过程中是交替实施的。

在教学进行中，设计实施形成性评价可以了解学生学习的进展情况和所达到的水平，决定是否给予必要的强化、鼓励，或者查找原因、及时帮助。形成性评价一般不采用量化的方式，而是以等级制为主要判断方式。

从评价的主体来看，教学评价可以有学生评价、教师评价和家长评价三种。也就是说，教学评价不一定要拘泥于教师评价，还应该鼓励学生之间互评、自评，或者让家长评价等多种形式。

评价的方法很多，但无论教师采用何种方法，都要根据讨论活动的需要，根据学习的需要选择合适的评价方法，如此才能发挥评价的真正功能。

4. 反馈修正

基于生成性教学理念的高中英语讨论活动教学设计的反馈修正就是根据评价提供的反馈信息，对预先的设计进行调整，从而提高教学的有效性。基于生成性教学理念的教学设计是开放的、不断修正的设计过程，原来的设计只是一种预设，它与实际的教学过程和学习过程都存在着误差。一方面，教师为了尽量减少这种误差，可以设计多种预设，以供在教学过程中根据具体教学反馈不断修正教学活动，这是在教学过程中随时可能发生的反馈修正；另一方面，教师在课后，也应该对整个设计和教学实施过程进行反思，根据各种反馈信息，不断调整设计。

【实践分析】

教师在进行讨论活动时，引入了原版英语广告，让学生融入真实的语言情境中，体验并进行讨论活动。教师利用媒体技术激活了课堂教学的气氛，并顺利完成讨论任务，练习了重点词汇，达到了预期的教学目标。这是可取的。

可改进之处是教师在进行情境创设之后，可将全班分为几个小组，每个小组为一个销售部门，同时为一个产品设计产品的促销方案，并展示。之后，可由其他小组就他们的方案提问，展示组应对，形式类似竞标。这种讨论活动更有利于培养学生的合作和探究意识。

第四节 英语教学评价设计与实践时代化研究

一、英语教学评价的基本内涵

（一）评价与教学评价

1. 评价的内涵

在外语教学评价中，学生、教师、社会等都是价值的主体，又是评价主体。价值客体指教学行为、学习行为、评价方式以及学习者的语言应用能力。评价所揭示的就是教师的教学行为是否促进了学习者学习行为的变化，学习者学习行为的变化是否促进了其语言应用能力的提高，是否促进了其综合素质的发展，评价方式是否能够促进教学行为和学习行为的改进，是否能够评价应有的语言应用能力，学习者所具备的知识和能力是否是其自身发展所需要的知识和能力，是否是社会发展所需要的知识和能力，或者说教学和学习是否培养了社会发展所需要的语言素质，学习者是否具备社会发展所需要的综合素质。从这层意义上讲，评价的客体不是学生，也不是语言能力和学习过程，而是这些价值客体满足价值主体需求的程度。

2. 评价、评估和测试

评价离不开评估和测试。评价和评估是两个经常混用的理念，有的认为两者可以互换使用，但是大部分学者认为，评价和评估所指不同，侧重不同。评估指评价信息的收集过程，指对学习者语言学习的过程、结果、能力等各方面数据的收集，而评价是对评估信息进行解释和判断的过程。评估指通过多种渠道收集有关学习者学习过程以及语言能力、态度、参与、认知发展等方面的信息，借以促进教学和学习，而评价是在评估基础上分析数据对教学和学习总体的价值作用。

传统的评价把测试作为主要的信息采集工具，有时甚至是唯一的工具。但是，评价所依据的信息不只是来源测试，测试也不过是评估的工具之一。三者的关系如图 8-4 所示。

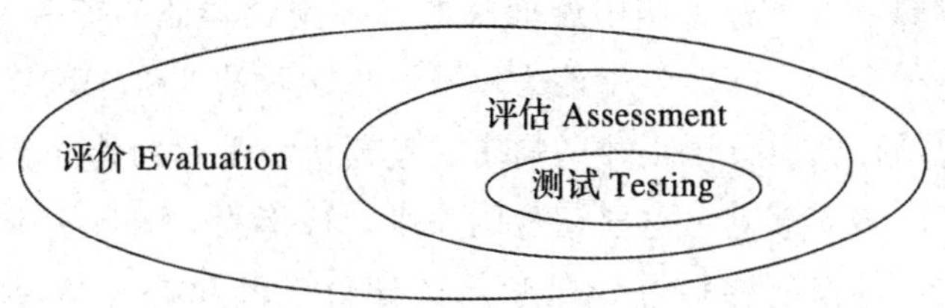

图 8-4　评价、评估与测试

3. 教学评价的内涵

从教学设计的角度出发，这里采用教学评价的理念，指教学中对学生学习行为、教学效果、课程目标达成情况的评价，而不是专指对教师行为的评价。具体到课程教学，教学评价指课堂教学过程中对学生的学习行为、学习效果、目标达成等方面进行的评价。

（二）英语教学评价的主要理念

1. 形成性评价

形成性评价指在教学过程中为了获得有关学习的反馈信息，对学生所学知识的掌握程度所进行的系统性评价，是日常教学过程中由学生和教师共同参与的评价活动。其目的是对学生的学习行为、学习结果以及学习过程中的情感、态度、策略等方面的发展进行评价。形成性评价是教学过程之中的活动，以诊断和促进为目标，是教学过程的有机组成部分。

2. 总结性评价

总结性评价，亦作终结性评价，是一种结果性评价，是在某一相对完整的教学阶段结束后对整个教学目标或学习目标实现的程度所做出的评价。总结性评价通常在课堂教学、单元结束或者学期、学年结束时进行，用于确定教学目标或学习目标的达成程度。传统意义上的总结性评价等同于测试，随着评价的发展，一些新的评价方式，如解释性练习、成长记录袋等开始用于总结性评价。

3. 真实性评价

有关真实性评价的研究，都把真实性评价看作“一种要求学生通过完成真实任务来展示对所学知识掌握情况以及对技能的意义运用能力的评价方式”，认为“真实性评价任务都是学习过程中有意义的、有价值的重要经历”“与成人、消费者或职业人士在工作中所面临的真实问题类似的任务”。真实性评价所表达的是一种理念，指对学生能力以及学生学习的评价应该尊重学生自身发展的需求、遵循社会对英语人才的需求、遵循语言学习的特征。这就要求评价所采用的手段应该能够满足这些评价的需求，选择能够测量学生的实际应用能力的评价方式，选择能够促进学生学习的评价手段和符合学习规律的评价工具，如真实性评估和真实性测试。

4. 表现性评价

表现性评价指通过观察学生在完成实际任务时的表现来评价学生已经取得的成就。有的学者称表现性评价为“真实性评价”或“替代性评价”，但是表现性评价与真实性评价和替代性评价强调的重点不同。真实性评价强调真实情景中完成的任务，是表现性评价的一个重要目标，也就是说表现性评价中的任务未必是真实的任务。

表现性评价具有以下特征：

表现性评价应该是教学过程中不可分割的一部分。表现性评价要整合课程于教学；

表现性评价所关注的是知识和技能的应用和非智力因素的发展，而不是知识和技能的回忆与再认；

表现性评价的问题情景比较真实，需要学生解决的问题是现实中的问题，而不是脱离现实情景的抽象问题；

表现性评价中需要学生完成的任务一般比较复杂，需要学生综合运用多学科的知识和技能来解决；

表现性评价鼓励学生的发散性思维，允许甚至追求答案的多样性；

表现性评价是形成与终结、过程与结果的结合。

随着人们对评价在学生发展中作用的关注，发展性评价理念开始为越来越多的人所关注。发展性评价强调评价中发展的理念．通过评价直接促进学生的发展。发展性评价秉承“一切为了学生的发展，为了一切学生的发展”的原则，强调学习者在评价中的主体地位，强调评价的多元性。

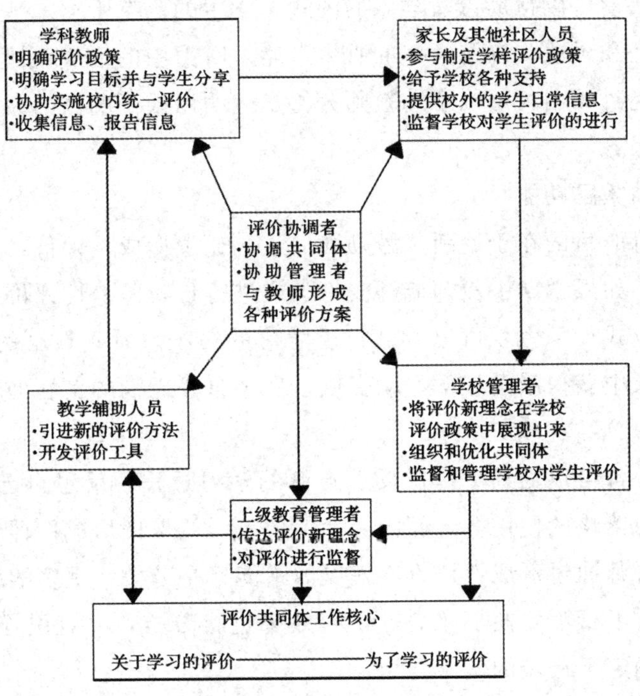

图 8-5　评价各相关方关系

二、英语教学形成性评价

（一）形成性评价的作用与形式

1. 形成性评价的作用

形成性评价具有过程性评价、表现性评价、真实性评价等众多评价的特征。这种方式具有诊断促进功能、反馈激励功能、反思总结功能和记录成长功能。研究发现，形成性评价有利于促进学生语言技能的提高，有利于学生综合素质的提高。

（1）诊断促进功能

形成性评价发生在教学的过程之中，可以帮助教师分析学生是否具备了某种图式，是否掌握了某种策略，是否具备应有的语境基础；可以帮助教师分析学生是否真正掌握知识点；可以帮助教师分析学生不参与的原因。比如，听力之前的评价活动可以帮助诊断学生的图式，学生的已有听力水平，学生已经掌握的相关词汇和语法，以及学生的听力策略；听力中的形成性评价可以帮助教师判断学生是否明白，可以帮助教师分析学生明白或不明白的原因，为教师调整教学安排服务。

（2）反馈激励功能

形成评价的目的在于诊断、激励和促进。通过形成性评价，学生可以看到自己的进步，如果学期中教师能够安排学生进行自我监控性评价，比如通过成长记录袋的方式，学生就可以看到自己学习的历程，看到自己的一步步发展，从自己的成长中获得激励，学习就变成了一个自我鼓励的良性循环过程。

（3）反思总结功能

形成性评价可以为学生提供反思自己的学习过程，反思自己的学校效果，反思自己学习策略的使用等方面的参考。但是，要保证形成性评价反思总结功能的实施，教师通过形成性评价所提供的不能只是分数，更多的应该是组织学生对自己的学习行为、使用策略、学习效果进行分析，并且引导其寻找原因，总结得失，制定下一步的学习计划。

（4）记录成长功能

人们需要看到自己的进步。进行总结性评价时也有必要参考学生在学习过程中的表现。而要提供这些相关的数据就必须开展形成性评价。教师可以组织学生记录自己的表现，每一堂课的表现，每一单元的表现，都可以帮助学生构建电子档案袋或者手工的成长记录袋。这样不仅可以为形成性评价提供数据，也可以为总结性评价提供数据。

2. 形成性评价的形式

形成性评价的实施形式很多，常见的有以下几种。

（1）课堂观察

课堂观察指对学生学习行为表现的观察，是质性评价的一种方式。教师可以观察学生的行为表现、态度变化、参与情况、任务完成过程与质量。课堂观察可以帮助分析学生课堂上的各种行为、教师的各种操作，为完善教学设计提供依据。

观察前教师要根据课堂教学目标确定观察的内容，选择观察的对象与观察的方式，拟定观察量表，以保证获取有效的信息，促进课堂教学的开展。

（2）评价量表

评价量表是一种比较有效的评价工具。量表的使用使评价更加可靠、公平，可以节约时间，诊断学生的优势与不足。如下面的量表可以帮助分析学生听力课中的表现，分析学生感到听力困难时可能存在的原因，既可以帮助学生反思自己的学习，又可以为教师安排下一次听力教学提供依据。

（3）师生交流

建构主义学习理论使人们看到学生在学习中的主体地位，在评价中的主体地位，看到了课堂教学过程中形成性评价所具有的互动性。与传统的课堂评价不同，课堂教学中最有力的评价方式不是测验，不是量表，不是观察，而是对话，师生互动和生生互动。课堂教学中的师生对话可以帮助教师诊断学生的学习情况，发现存在的问题。

（4）问卷

问卷是常用的数据收集方式，可以在教学的任何一个阶段实施，甚至是在课堂教学中实施。问卷比较灵活，可以用于调查学生的知识、观点、态度、意识，也可以调查学生的行为。虽然问卷调查用于教学的过程之中，只是事件后行为，难以成为事件中行为，但能对以后的教学活动产生一定的指导意义。

（5）成长记录袋

成长记录袋（portfolio）是学生作品的系统收集，可以用于描述学生的进步，展示学生的成就，评估学生的状况；可以用于总结性评价，也可以用于形成性评价。根据档案袋中记录内容的不同可以分为成果型记录袋和过程型记录袋。成果型记录袋主要记录学生的优秀作品，作为总结性评价的参考。过程型记录袋，通常包括学生的问题、说明、草案、草稿、修改稿、最终产品以及对作品的自我评价，用于监控、调整与发展。

记录袋要发挥应有的作用必须让学生参与作品的选择，并让他们对作品进行自我反思。要让学生反思他们所选择的作品，不仅要在指导中明确提出要求，还应当让学生填写一个简单的表格，借以促进学生对选择内容的反思（见表 8-3）。

表 8-3　成长记录袋简表

学生姓名：＿＿＿＿＿＿　日期：＿＿＿＿＿＿
关于所收集项目的描述：
学生意见：
我选择该项目放进我的成长记录袋，是因为：
教师意见：
教师姓名：＿＿＿＿＿＿　日期：＿＿＿＿＿＿
所选择项目的优点：
要考虑的事情或者要改进的领域：

（6）学习日志

学习日志指学生学习历程的档案记录，主要用于记录学生的学习行为。学习日志可以由学生自己制定，也可以是教师给出模板，但是记录由学生自己完成。要使学习日志发挥作用，有必要通过模板的方式规定学习行为，这样学习日志所承担的就不只是记录的功能，而是起着十分重要的监控功能。如表 8-4 的项目学习日志。

表 8-4　学习日志项目

描述一下你是 怎样收集信息的	描述一下你是 如何处理信息的	描述一下你是 如何应用信息的
阅读	分析	修改
采访	绘图	评价
上网	整理	检验
其他	筛选	展示

（7）自我提问单

自我提问单多用于自主学习能力的培养。由于其可以用于监控学习者策略使用，因此，也可以用于形成性评价，由学生自己监控自己的学习，通过自我提问单发现自己学习中存在的问题，历证自己的进步。例表 8-5

表 8-5　阅读自我评价表

概览——选择目标 ·从标题看，这篇文章讲的是什么？ ·从文章的开头和结尾（或摘要/小标题/各段首句）来看，该文章的内容是否与我刚才的猜想一致？ ·这篇文章值不值得我细读？ 提要——把握文章脉络 ·我采用了摘要还是什么方式提炼文章的主题？ ·我采取纲要法理顺文章脉络了吗？ ·我很好地把握了文章的主题和结构了吗？ 细读——对文章进行深层次理解 ·我每读一句是否能够考虑它与上文的联系？ ·在读的过程中我能否对下文进行预测？ ·读完一段我能否考虑其与上文的联系？ ·我能根据上下文猜测词义吗？ ·我理解了文章的潜在含义吗？ ·我了解作者的写作意图吗？ ·我同意文章中的观点吗？ ·我能够把整篇文章连贯起来理解吗？ ·检测——任务自查 ·我理解了文章的字面意思和字里行间的意思了吗？ ·我把握了文章的结构吗？ ·我学到了哪些知识（包括词汇和句法）？ ·我在阅读中遇到了什么困难？原因是什么？解决得如何？ ·我在阅读过程中运用了哪些阅读技巧？运用是否得当？效果如何？ ·我解答理解题质量如何？为什么？ ·我完成阅读任务了吗？ ·本次阅读对以后阅读有什么启示？

（二）英语教学形成性评价的设计与实施

1. 形成性评价设计

（1）评价标准设计

要实施形成性评价首先必须明确形成性评价的标准。与总结性评价不同，形成性评价的标准是变化的，是过程性的，在不同的学习阶段评价标准是不同的。要设计形成性评价的标准首先必须根据教材内容的特点，结合学生的具体情况将教学分成几个阶段，然后确定每一个阶段计划达到的目标。这样，形成性评价标准就有诊断性评价标准、形成性评价标准和目标达成评价标准。这若干标准构成一个由低级到高级的评价阶梯。

（2）评价过程设计

这里的评价过程不是指具体一次评价的过程，而是指根据教学的安排设计在什么阶段开展评价，开展什么样的评价等。

就课堂教学而言，评价可以出现在学习之前，学习之中和学习之后。学习之前开展的评价为诊断性评价，学习之中的评价为过程性评价，学习之后的评价为目标达成评价。每堂课都会由若干活动组成，分别处于不同的学习阶段、不同的认知层次。每个活动都应该有对应的开展情况的评价，然后根据评价的结果调整下一步的教学活动安排。这样一个比较理想的教学设计就应该体现评价后的活动调整，具体如图 8-6 所示。

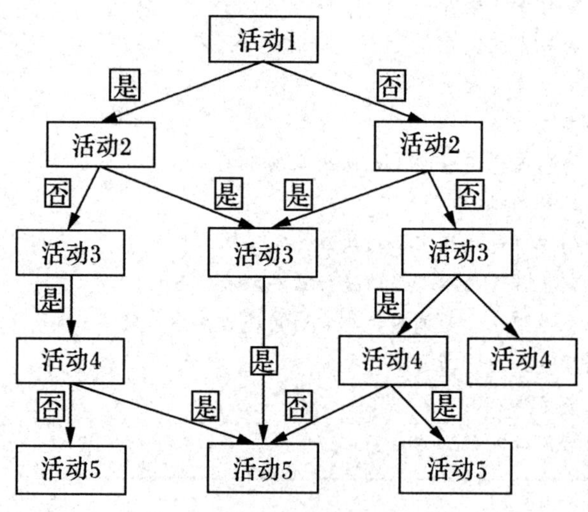

图 8-6　评价过程结构图

（3）评价内容设计

不同的评价阶段评价标准不同，评价的内容也不同。根据认知发展规律，评价的内容可以是从知识到理解，从理解到应用，从理解到分析和综合，最后再到评价。听力如此、阅读如此，词汇语法也应该如此。如在阅读之前的诊断性评价中可以是背景知识的掌握情况，可以是策略的熟悉情况，也可以是词汇和语法的理解情况。在阅读过程之中，评价的内容可以是信息的辨认，信息的转述，信息的应用，可以是逻辑的理解，逻辑的判断，逻辑的重组，可以是归纳推理，词义猜测，主题理解，信息应用，策略应用和语言应用。因此，教师在设计评价时一定要分解课堂教学的过程，根据教学过程的要求设计评价内容。

2. 形成性评价的实施

要在教学中实施形成性评价必须制定形成性评价计划，构建形成性评价机制，对形成性评价进行元评价。

（1）制定评价计划

评价是有效教学的保障，要实施有效的评价必须制定评价计划。教师应该具备评价的意识，将评价纳入自己的日常教学之中，在学期开始就必须明确如何开展日常学习的形成性评价，如何开展课堂教学的形成性评价。作为一个教研室、一个学校，必须有适用于全体学生的评价计划。计划要明确评价的标准、评价的内容、评价的方式，明确评价的具体安排以及反馈方式。

（2）构建评价机制

形成性评价计划的实施需要评价机制作为保障。这就要求学校构建评价的管理系统，组建评价共同体，形成评价制度，拥有一个完整的评价体系。缺乏良好的评价机制，课程就难以健康发展，就难以保证科学的教学设计，难以开展有效教学。

（3）形成性评价之元评价

元评价即“评价之评价”，是对评价的结构、过程、结论及其反馈进行全面、系统的评价，以修正评价结论、改进评价活动的过程。根据元评价与被评价活动之间的关系，元评价可分为过程性元评价和终结性元评价两种。过程性元评价与被评价活动同期进行，而终结性元评价发生在形成性评价、终结性评价等评价活动之后。要保证形成性评价的有效实施就必须对形成性评价进行评价。

形成性评价的元评价主要评价形成性评价在评价标准、评价方式、评价内容、评价操作、评价结果使用、评价效果等方面是否符合形成性评价的要求，形成性评价是否起到了应有的诊断和促进作用。如果没有，问题是什么，形成性评价的哪个环节存在问题需要改进。如果缺乏元评价机制，形成性评价的有效性则难以保证。

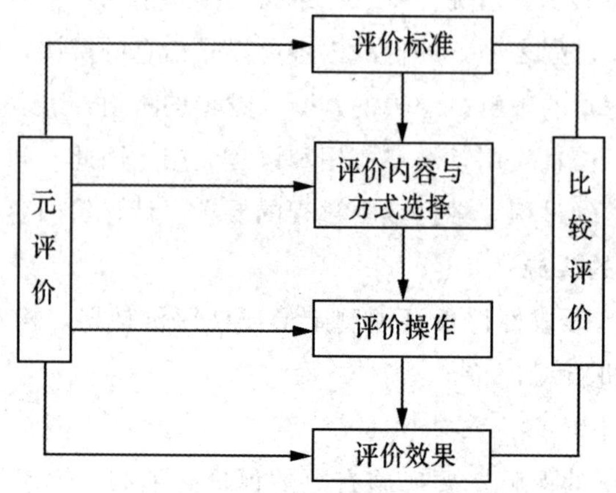

图 8-7 形成性评价之元评价

三、英语教学总结性评价

（一）总结性评价的常见形式

总结性评价是一种结果性评价，是在某一相对完整的教学阶段结束后对整个教学目标（或学习目标）实现的程度做出的评价。总结性评价通常发生在课堂教学结束、单元结束和学期结束，以及学业结束时进行，用于确定教学目标达成的程度。

1. 正误判断

正误判断可以作为总结性评价的一种形式，一般用于评价信息辨认能力和信息理解能力。正误判断不只是让学生判断所给陈述是对是错，也可以通过调查问卷等的方式呈现。

2. 匹配

匹配可以评价的内容很多，可以是知识，也可以是理解；可以用于听力、阅读、词汇、语法。可以匹配的内容很多，可以将段落与主题匹配，段落与大意匹配，可以将论点与支撑细节匹配，可以将人物与其经历匹配，也可以将人物与其观点匹配。但是在设计总结性评价活动时要遵循真实性原则，也就是说，这种匹配的形式在现实生活中有无发生的可能，匹配是否是评价的唯一方式或者是最佳的方式，否则没有必要采用匹配的方式。

3. 选择

选择不是不能用于总结性评价。只要是能够评价所评价的内容，就可以采用选择的形式。在设计选择问题时要考虑现实生活中是否有可能通过选择的方式呈现对某种信息的应用。比如，如果听力是有关公园约会的对话，当约会方去公园时就会面临判断所看到的环境是否与电话中一方描述的一致的问题，就会面临在众多的环境中做出选择的问题。这样，对理解能力的一种评价就可以设计让学习者从若干图片中选择对话中所说的约会地点的形式。

类似的现象可以发生在阅读中，如果阅读的是使用说明书，就可以让考生判断所给操作是否正确，让考生选择路线图，或让考生选择正确的操作程序。

4. 图表填充

图表填充属于信息提取问题，评价的是学习者获取信息和转述信息的能力。根据不同的材料，图表的表现形式很多，可以是流程图、地图、表格等。

5. 建构性问题

所谓建构性问题指需要学习者组织语言表达自己的理解、表达自己观点态度的问题。根据问题所设计的内容，建构性问题可以是信息辨认问题、态度判断问题、信息分析问题、信息利用问题、观点评价问题、策略应用问题等。

建构性问题可以是封闭式的，也是可以开放式的，一般情况下以开放性问题或者是讨论题为多。论述题主要用来测量概念化、建构、组织、整合、关联和评定观点等方面的能力。

6. 真实性任务

听力、阅读、词汇、语法、写作等方面能力的评价都应该贯彻真实性原则，保证材料、活动目的、人物角色、任务形式的真实。要评价学生是否能够听懂指令，是否能够正确运用指令，就应该让学生根据指令做出反应，就应该根据具体的情况给出指令。例如，要评价学生是否会用一般将来时或者 be going to 就可以让学生介绍自己的假日计划。教材中很多任务都可以用作总结性评价。

7. 项目

项目同样可以作为总结性评价的一种手段。与其他活动不同，项目要求学生小组合作完成一个现实中的任务，并且做出某种产品，如板报、网页、模型、话剧、视频节目、谈话节目、调查报告等。

（二）测试的试题设计与施测

测试是最常用的总结性评价方式，也是目前人们最信赖的评价方式之一。测试中试题的设计是评价效度、信度和公平的保证。要实施有效的评价，有必要了解试题设计的基本规范。

1. 试题设计的程序

一套完整试题的设计一般要经过以下六个程序：即确定测量目标；确定行为目标；拟定测试内容细目表和试题规范细目表；选择测试材料，设计测试题目，制作试卷；施考和成绩报道。

一般说来，测量目标指的是新课程标准中规定的学习者通过基础教育阶段的学习，或通过高等教育阶段的学习应该达到的能力目标，包括知识目标、技能目标、文化目标、策略目标以及情感态度目标。测量目标相对抽象，必须转化为行为目标才能够测量。行为目标是测量目标的具体体现，一般用可观察的行为动词描述。但是，行为目标一般应该采用概括的表达方式，并不包含具体表现形式，不过行为目标必须能反映出考生行为表现的类型，或者行为表现的水平。如获取重要的事实信息、理解对话中的隐含意思、归纳对话的主旨大意的能力。

考试内容规范表一般要包括测试的测量目标与行为目标、测试涉及的内容领域、题型和题量等内容。将这些内容具体化就可以得到试题规范细目表。试题规范细目表一般包括学科、测试的测量目标和行为目标、内容领域及要求、题型、样题等内容。

2. 试题材料的选择

要保证试题的质量，材料的选择十分重要。一般来说，材料的选择应该注意以下几点。

（1）材料要与测量目标以及试题欲测量的行为目标相关

测试结果解释和使用的效度完全取决于测量目标的实现程度，而考试测量目标的实现程度又依赖于每道试题是否能够引导考生表现出试题要测量的行为。因此，试题的材料选择是否能够评价要评价的行为目标将直接影响测试的效果。

（2）材料应该与考生的学习经历和生活经历相适应

英语与其他材料不同，语篇材料设计的主题以及领域范围很广。如果所选材料是考生所不熟悉的，那么影响考生表现的因子就不只是考生能力因素，材料话题和范畴也可能使测试很难保证应有的效度和公平。

（3）材料必须来自真实生活

如果测试以评价学习者完成现实生活中的任务为目标，那么就应该选择现实生活中真实的语言材料，或者模拟现实生活中的语言材料，或者是根据现实生活中的语言材料进行改编的材料。现实生活中的真实材料，尤其是听力材料可能会存在诸多非语言的外在因素，从而影响学生的理解。测试应该保证学生的表现源于对材料自身的理解，而不是其他因素，如果学生不能理解，材料本身应该是唯一的影响因素，而不是外在环境等因素。

（4）材料必须为新信息

所谓新信息指测试不能完全照搬学生读过、听过的或者学过的材料进行测试，否则考查的不是学生的理解和应用能力，而是学习者的记忆能力。但是，新信息不等于超出学习者认知范围的知识，否则不能评价学习者的图式建构能力。

（5）材料的呈现方式应该多样化

材料的多样化表现在各个方面。一是材料形式自身可以是文字材料，可以是图片材料、图表材料，可以是音频材料，也可以是视频材料。第二，听力和阅读中几个材料在话题、主题、体裁等方面也必须表现出多样化。在满足评价标准要求的基础上，应尽可能呈现不同题材、不同体裁的材料。

3. 客观题的设计

客观题指有固定答案的问题，包括选择填空、匹配、图表填充等，其中选择题是常用的题型。设计选择填空时应该注意以下几点：

- 每个问题只能有一个测试点，不能设计多层面的选择题；
- 保证每个选择题的答案是唯一的；
- 题干与选项难度要一致；
- 题干要提供足够的语境；
- 题干中可能重复出现的单词不要出现在选项中；
- 题干中应避免泄露答案；
- 阅读和听力选择题题干不能使用材料中的原词；
- 题干提供的语境只能有一种解释，不能有歧义；
- 干扰项自身应该是正确的；

·干扰项应该有放入题干的可能性；

·选项长度要均衡；

·干扰项考点分布要均衡；

·选项未必都是四个选项，选项的多少可以根据问题的要求而定。

4. 主观题的设计

随着真实性评价的发展，交际测试以及真实性测试理念的发展，主观试题，尤其是任务型测试开始被运用到越来越多的试卷中。

简答题、论述题、写作等都属于主观题的范畴。多数主观题没有固定答案，因此需要有一个明确的评分标准。在制定评分标准时应该注意以下因素：

·根据试题要求选择整体评分还是分项评分；

·评价的行为特征应该与测量的行为目标一致；

·分项评分中每个项目应该只包含一个独立的行为特征；

·要明确评价的行为特征等级数量；

·对评价的行为特征要有明确的定义。

（三）总结性评价与形成性评价的有机结合

实际教学评价中，大部分评价都是形成性评价与总结性评价的结合。当评价数据用于调整教学以满足学生的需求，或是学生用于改善自己的学习方式时，评价就是形成性的；如果评价数据用于学位证书或问责，那么评价就是总结性评价。在日常的教学设计中，要取得理想的评价效果，形成性评价就必须与总结性评价相结合。

1. 在形成性评价中开展总结性评价

形成性评价的内容很多，其中之一就是阶段目标达成的评价。从目标达成的角度出发，评价就具有总结性。因此，在开展阶段性的目标达成评价时可以采用总结性评价的方式。在开展听力、阅读、交际、任务和写作教学之前所开展的诊断性评价也属于总结性评价的范畴，因为所评价的是学生已经具备的知识和技能。

要在形成性评价中实施总结性评价，第一，必须明确阶段性教学目标，根据目标需要设计评价活动。第二，由于发生在教学过程之中，评价所采用的方式一般情况下不同于常见的总结性评价，尤其是不可能采用测试的评价方式。

多数情况下所采用的是与教学过程吻合的教学活动。

2. 总结性评价借鉴形成性评价的操作

发生在不同阶段的总结性评价操作方式不同。虽然课堂结束时的评价是总结性评价，但是相对整个单元教学，相对整个学期的学习，却属于形成性评价的范畴，一般不能采用测试的手段，而是把课堂结束时的最后一个活动，或者是最后阶段的某个活动作为课堂教学目标达成评价活动。根据课堂目标的不同，评价可以是对知识掌握的评价，对概念理解的评价，对技能运用的评价，也可以是对情感态度等方面的评价。

单元评价以及学期结束时的学业评价是传统意味上的总结性评价。但是，要保证总结性评价的正面促进作用，而不是负面的反拨作用，总结性评价不能机械地模仿目前存在的各种考试体系，因为没有任何一个考试体系能够评价课程应该达到的所有目标，也没有任何一个考试能够真正评价一个人的综合应用能力，尽管我们的平时教学都在培养这些能力。因此，要保证总结性评价的效度，就必须采纳形成性评价的操作方式和形成性评价中的活动形式。

参考文献

[1]《英语世界》杂志社．如何学好英语——专家教授谈英语学习方法［M］．北京：商务印书馆，2018.

[2] 陆震谷．中学英语学习方法［M］．上海：上海锦绣文章出版社，2010.

[3] 景品兰，李丽．大学英语学习方法指导［M］．北京：地震出版社，2004.

[4] 范谊．英语学习方法指津［M］．上海：上海外语教育出版社，2002.

[5] 包天仁，秦显贵．高效率英语学习方法探秘［M］．长春：吉林教育出版社，2005.

[6] 于笑苹．大学英语学习方法一本通［M］．长春：东北师范大学出版社，2009.

[7] 金鸣，福建．名师新教案优秀学生学习方法全书 5 英语学习方法上［M］．长春：吉林文史出版社，2006.

[8] 金鸣，福建．名师新教案优秀学生学习方法全书 6 英语学习方法下［M］．长春：吉林文史出版社，2006.

[9] 海人．跨世纪学生必读经典丛书趣味学习篇英语学习方法［M］．广州：广州出版社，2002.

[10] 杜萍萍．大学实用英语自主学习新模式［M］．北京：北京交通大学出版社，2015.

[11] 严明．大学英语自主学习能力培养教程［M］．4 版．哈尔滨：黑龙江大学出版社，2014.

[12] 曹兰英，张瑛．英语自主学习系统操作指南［M］．武汉：华中科技大学出版社，2012.

[13] 高菊霞．21 世纪大学英语自主学习导学 Book 1［M］．上海：复旦大学

出版社，2013.

［14］高菊霞.21世纪大学英语自主学习导学 Book 2［M］.上海：复旦大学出版社，2013.

［15］宋瑞梅.大学实用英语自主学习新模式下［M］.北京：北京交通大学出版社，2015.

［16］孙红琼.大学生英语自主学习的优化构建［M］.昆明：云南大学出版社，2007.

［17］严明.大学英语自主学习培养模式研究体验的视角［M］.哈尔滨：黑龙江大学出版社，2009.

［18］陈青松.网络环境下大学英语自主学习的研究与实践［M］.厦门：厦门大学出版社，2009.

［19］严明.大学英语自主学习能力培养教程［M］.4版.哈尔滨：黑龙江大学出版社，2014.

［20］欧阳建平.自主性英语学习能力培养研究与实践［M］.长春：吉林大学出版社，2009.

［21］严明.大学英语自主学习能力培养教程［M］.3版.哈尔滨：黑龙江大学出版社，2013.

［22］严明.大学英语自主学习能力培养教程［M］.哈尔滨：黑龙江大学出版社，2007.

［23］李友良.英语学习策略与自主学习［M］.上海：上海交通大学出版社，2011.

［24］秦乐娱.大学英语专科下［M］.长沙：中南大学出版社，2014.

［25］梁红卫.大学英语词汇教学与学习［M］.福州：福建教育出版社，2013.

［26］蔡亮.超越与回归服务性英语学习［M］.杭州：浙江大学出版社，2014.

［27］费烔冰.英语［M］.上海：上海交通大学出版社，2015.

［28］顾光才.浅议有效的英语学习方法［J］.考试与评价（英语八年级专刊），2018（9）：42-78.

［29］刘容.浅谈英语学习方法的培养［J］.明日，2018（15）：37-63.

[30] 吴玉莲．英语学习方法之我见［J］．散文选刊（中旬刊），2018（8）：20-33.

[31] 顾光才．浅谈有效的英语学习方法［J］．考试与评价（英语八年级专刊），2018（12）：124-165.

[32] 刘怡萱．英语学习方法与技巧［J］．散文百家，2018（2）：14-38.

[33] 李昀泽．浅论英语学习方法［J］．祖国，2018（21）：140-156.

[34] 李孟韩．英语学习方法简述［J］．青少年日记（教育教学研究），2018（12）：175-189.

[35] 张六韬．浅谈英语学习的方法［J］．祖国，2018（20）：56-46.